Lewin · Lohn und Strafe

Diese kleine Schrift
ist geeignet,
Weltbilder umzukrempeln.

Obgleich Kurt *Lewin* neben Sigmund *Freud* (Psychoanalyse) und B. F. *Skinner* (Behaviorismus) mit seiner Gestalt- und Feldtheorie zu den einflussreichsten Psychologen des 20. Jahrhunderts zählt, ist er in den letzten Jahrzehnten in Vergessenheit geraten und viele seiner Schriften sind nur noch antiquarisch zu erhalten.

Kurt Lewin | 1890-1947 | deutsch-jüdischer Gestaltpsychologe und Feldtheoretiker | Wegbereiter der experimentellen Psychologie | besonderer Schwerpunkt: Erforschung (klein-) kindlichen Verhaltens | Grundformel: Verhalten ist die Funktion von Person und Umgebung | ab 1933 im US-amerikanischen Exil | dort Begründer der Aktionsforschung.

Stefan Blankertz | Wortmetz | Lyrik und Politik gegen Gewalt und für Toleranz.

Kurt Lewin

Die psychologische Situation bei Lohn und Strafe

Eine feldpraktische Studie

1931

Herausgegeben
von Stefan Blankertz

in der Schriftenreihe
Berliner Gestalt-Salon

edition g.
409

Titel unter Verwendung
des Portraits »Alice«
von Amedeo *Modigliani*, 1918,
Statens Museum for Kunst,
Dänemark
gemeinfrei *via* The Yorck Project

Schriftenreihe
Berliner Gestalt-Salon

edition g. 409

Herstellung und Verlag:
BoD – Books on Demand,
Norderstedt

ISBN 978-3-7504-2234-6

Inhalt

Die Grafiken befinden sich in den Randspalten. Übersicht ◧ S. 6.

Liste der Abbildungen

Alle Grafiken im laufenden Text habe ich mit den heutigen technischen Möglichkeiten neu gezeichnet und zum Teil auch inhaltlich ergänzt, wo mir dies zur Verdeutlichung des von *Lewin* Gemeinten (so wie ich es verstehe) angebracht erschien.
Die **Originale** von *Lewin* sind im Anhang wiedergegeben.

* Diese Grafiken finden sich bei *Lewin* nicht. Ich habe sie zur Visualisierung im Sinne *Lewins* hinzugefügt.

Geleitwort des Herausgebers

Einführung in die Feldtheorie am konkreten Beispiel: Alle Lebensvorgänge und Entscheidungen, alle Konflikte, alles Verhalten wird auf einer Art Landkarte verzeichnet. Dabei vermischen sich auf fast poetische Weise konkret räumliche Bewegungen mit der zeitlichen Dimension und rein gedanklichen Vorgängen. Wie viel an Erkenntnisgewinn aus solch einer »Topologie« zu ziehen ist, zeigt Kurt *Lewin*[1] am Beispiel der Analyse der Wirkung von Strafe und Lohn bei Geboten oder Verboten, mit denen Kinder konfrontiert sind. *Lewin* geht mit großer Sachlichkeit vor und sieht von vorschnellen pädagogisch-moralischen Bewertungen ab, um dann am Ende den Leser mit der grandiosen Erkenntnis zurückzulassen, dass weder Strafe noch Lohn die angemessenen Wege weisen zu einer förderlichen erzieherischen Beziehung zwischen Kindern und Erwachsenen, seien dies Eltern oder Lehrer, selbst wenn sie im Alltag als mitunter unumgänglich sich erweisen sollten. Besser ist der Weg über echtes inhaltliches Interesse, über Verständnis und Einsicht.

Freilich hieß *Lewins* Ansatz noch gar nicht Feldtheorie, er nannte ihn vielmehr topologische und Vektorpsychologie, zwei Begriffe, die kaum sich durchsetzen konnten. »Topologie« verweist auf die räumliche Darstellung, obzwar *Lewin* mit dem Begriff nicht auf die Geografie, sondern die Mathematik bezug nehmen wollte.

Ein ungewöhnlicher Text von außergewöhnlicher Dichte und größter inspirierender Kraft verlangt nach einem angemessenen Layout und einer Gestaltung, die Gefälligkeit mit Verständlichkeit und Nutzbarkeit verbindet.

---

[1] Zu *Lewins* Leben, Erkenntnissen, Wirkung und seiner Bedeutung für die Gestalttherapie vgl. Stefan *Blankertz*, Kurt Lewins Kritik der Ganzheit (2017), erweiterte zweite Auflage 2020 (edition g. 403).

Mit »Vektorpsychologie« meinte *Lewin*, dass die bewegenden, »dynamischen« Kräfte im Feld, die von den Beteiligten ausgehen und ihr Verhalten bestimmen, als Richtungspfeile in die »Landkarte« einzuzeichnen seien.

Lewins Ziel bestand von Anfang an darin, die Psychologie auf den Boden einer strengen Gesetzmäßigkeit zu stellen, d. h. den Naturgesetzen analoge Aussagen über Verhalten machen zu können. Solche Gesetze sind, wie er als Kantianer wusste, nicht auf dem Weg der Empirie zu ermitteln. Häufigkeiten oder historisches Vorkommen, eine induktive Methode, gelangt niemals zur Erkenntnis eines gesetzmäßigen Zusammenhangs. Man kann das Fallen von Gegenständen so lange beobachten, wie man will, nie wird das Gesetz des freien Falls heraus kommen. Die Erkenntnis von Gesetzmäßigkeit geht von einer intuitiven Annahme aus, die dann freilich mit geeigneten und teils experimentellen Mitteln empirisch überprüft werden muss. Die Wissenschaftstheorie wogte seit *Lewin* her und hin; und überwiegend haben wir heute die paradoxe Situation, dass einerseits die Tendenz besteht, die Gewissheit sowohl der auf deduktive als auch der auf induktive Art gewonnen wissenschaftlichen Erkenntnisse stark in Zweifel zu ziehen, andererseits dagegen besonders in politisch hoch aufgeladenen Fragen empirische Einzelbefunde zu dogmatisieren und jeden Zweifel an ihnen zu stigmatisieren.[1]

Gibt es Gesetze des Verhaltens?

---

[1] Einige Fälle aus jüngster Zeit: Schädlichkeit des (Passiv-) Rauchens, menschengemachter Klimawandel, Notwendigkeit von Zwangsimpfungen, Verbot privaten Waffenbesitzes als Prävention vor Amokläufen, Grenzschließung und Deportation von Ausländern zur Abwehr der Terrorakte oder der Infektionsgefahr usw. Wer an das augenblicklich geltende Narrativ nicht »glaubt« und Zweifel äußert, sei ein »Leugner« o. ä. Indirekte und zunehmend auch direkte Zensur werden diskutiert.

Für die vorliegende Frage legt *Lewin* einige logische Beziehungen klar:

1. Wenn Strafe oder Lohn eingesetzt werden, so muss es sich darum handeln, dass die eine Person (A) eine andere Person (B) zu einem Verhalten veranlassen will, das B von sich aus nicht tun würde. Wenn B das Verhalten von sich aus zeigen würde, dann bräuchte A offensichtlich nichts weiter zu unternehmen, um es zu veranlassen. Wenn A das Verhalten bei B nicht veranlassen wollte, würde A nicht tätig werden.

2. Das gewünschte Verhalten muss B als unattraktiv erscheinen. Wenn es B als attraktiv erscheinen würde, müsste A nicht tätig werden. A hingegen muss es als attraktiv erscheinen.

3. Um das gewünschte Verhalten zu veranlassen, muss die Strafe noch unattraktiver sein,[1] sodass B, vor die »Wahl«[2] gestellt, das Verhalten zu zeigen oder die Strafe zu erhalten, den Weg wählt, das Verhalten trotz dessen Unattraktivität zu zeigen. Das Verhalten wird relativ attraktiver.

4. Oder: Um das gewünschte Verhalten zu veranlassen, muss die Attraktivität des »Lohns« die Unattraktivität des Verhaltens aufwiegen.

5. Zusätzlich muss A Vorkehrungen treffen, dass B nicht Strafe vermeidet oder Lohn kassiert, ohne das von ihm gewünschte Verhalten zu zeigen. Diese Vorkehrungen sind *Barrieren*.

Die Logik von Lohn und Strafe zur Verhaltenssteuerung.

---

[1] Es geht mithin um vom Erwachsenen zweckrational kalkulierte und für das Kind kalkulierbare Strafen (von körperlicher Züchtigung über Missbilligung und Tadel bis hin zum Liebesentzug usw.), nicht um unklare oder im Affekt verabreichte Strafen. Leider geht *Lewin* nicht auf den Typus von Strafandrohung ein, der das Maß oder die Art der Strafe offen lässt: »Wenn du X nicht tust, erlebst du dein blaues Wunder!«
[2] Die Wahl ist unecht: Es *soll* das Verhalten, nicht etwa die Strafe gewählt werden.

In solcher Form präsentiert, scheinen die logischen Zusammenhänge fast trivial, weil sie sich als unmittelbar evident erweisen. *Lewin* zeigt in seiner Untersuchung, dass von diesem scheinbar trivialen Punkt aus sich Schlussfolgerungen ergeben, die keineswegs trivial sind, vielmehr müssten sie bedeutsame pädagogische Konsequenzen haben.

Fast hundert Jahre nachdem der vorliegende Text erdacht und verfasst wurde, befinden die heutigen Leser sich in privilegierter Position, nämlich deutlicher unterscheiden zu können, was bei *Lewin* zeitbedingte Verblendung, was dagegen möglicherweise tatsächlich überzeitliche Erkenntnis mit Anspruch auf Gesetzescharakter war.

Lewin auf den Prüfstand der historischen Perspektive stellen.

Nagelprobe 1: Sind *Lewins* Aussagen auch unter anderen kulturell gegebenen Erziehungsprinzipien und Schulorganisationen noch gültig? Sind sie mithin (wie er es annimmt) Gesetze der sozialen Dynamik oder nur Augenblicksbeschreibungen?

Nagelprobe 2: Im Text *Lewins* begegnen uns Partikel wie »oft«, »häufig«, »meist«, »nicht selten« oder umgekehrt »nur selten« usw. Das sind einschränkende, unbestimmte Quantifizierungen, die allenfalls auf (in gewissem Rahmen unsichere) empirische, nicht auf gesetzmäßige Zusammenhänge deuten. Wann spricht *Lewin* von empirischen, vermutlich zeitbedingten Häufigkeiten, wann reklamiert er einen gesetzmäßigen Zusammenhang?[1]

---

[1] Eine Schwäche zumindest der Darstellung, zwischen den Ebenen der Aussagen über strenge (unter den definierten Bedingungen immer gültige) Gesetzmäßigkeiten und besonderen, im Rahmen der Gesetzmäßigkeit stattfinden könnenden und jeweils zu quantifizierenden Fällen zu unterscheiden, zeigt sich auch bei Begriffen wie »Strafbarriere« und »infamierende Strafe« (⬛ S. 39, S. 48f).

Obgleich der Text von *Lewin* immer auf das erzieherische Feld des Verhältnisses zwischen Kindern und Eltern bzw. Lehrern bezogen ist, scheint mir eine Übertragung auf gesellschaftliche Verhältnisse über die Pädagogik (Kindererziehung) hinaus auf die Therapie und auf die Politik möglich, sinnvoll und nützlich. Er ist nach meinem Verständnis eine Anleitung, Gebote und Verbote auch im anderen als erzieherischen Kontext zu analysieren: unter informellen und formellen Bedingungen der Organisation, unter Freunden, in Beziehungen und nicht zuletzt auch in den Zwangszusammenhängen der Ver- und Gebote, die von der Staatsgewalt ausgehen. Jedes staatliche Ver- oder Gebot fordert mit psychologischer Notwendigkeit die Umgehungstendenz als Widerstand heraus und in Reaktion darauf die Errichtung von Barrieren durch die Staatsgewalt. Es folgt eine Spirale der Eskalation, die zu einer stets weitergehenden Einengung der Bewegungsfrei- oder -spielräume führt. Die Bürger werden dergestalt auf die Situation der Kinder früherer Epochen reduziert, unterdessen die Illusion herrscht, die Rohrstock-Pädagogik sei überwunden.

Lewins Programm: Ein psychologisches Verständnis für die Wirkung der jeweiligen (pädagogischen, erzieherischen) Eingriffe entwickeln.

· · ·

Die vorliegende Ausgabe ist die getreue Wiedergabe des Originals bis auf die Stellen, die ausdrücklich angemerkt sind; aber das Ziel ist keine kritische Edition mit philologischem oder historischem Interesse, vielmehr die Bereitstellung eines eminent wichtigen theoretischen und praktischen Werkzeugs zur Erkenntnis von Zusammenhängen und zur besseren Analyse von pädagogischen, organisatorischen oder therapeutischen Sachverhalten. Aus dem Grunde habe ich mir erlaubt, etliche inhaltliche Anmerkungen dort zu platzieren, wo mir eine Diskussion und ein weiteres Nachdenken angeraten erscheint.

Insbesondere habe ich die Grafiken mit den heutigen technischen Möglichkeiten übersichtlicher und ansprechender gestaltet, darüber hinaus einige ergänzt. Damit der interessierte Leser sich ein Bild von den Originalen machen und selbst überprüfen kann, ob er meiner Interpretation folgen will, sind diese Originale im Anhang zu sehen ◨ S. 109-119.

Die Textgrundlage bildet die Originalausgabe Leipzig 1931. Sie wurde Darmstadt 1964 fotomechanisch nachgedruckt. Es gibt auch eine englische Übersetzung in der Sammlung »A Dynamic Theory of Personality«, übersetzt von Donald K. *Adams* und Karl E. *Zener*, New York 1935, S. 114-170. In der (unvollendeten) »Kurt Lewin Werkausgabe« befindet der Text sich im Band 6, herausgegeben von Carl-Friedrich *Graumann*, Bern / Stuttgart 1982, S. 113-167.

Die Ausgaben.

[Methodologische Vorbemerkung von Kurt Lewin] [1]

Im Folgenden soll das Problem von Lohn und Strafe nicht in seiner ganzen Breite zur Erörterung gestellt werden. Als pädagogisch-erzieherisches Problem reicht die Frage, ob etwa überhaupt eine Möglichkeit besteht, Lohn und Strafe zu vermeiden, bis zu dem dialektischen Grundproblem der »gewaltlosen Erziehung«;[2] und so ist gegenwärtig die bejahende oder ablehnende Stellungnahme zu einer Pädagogik, die Lohn und Strafe als wesentliches Erziehungsprinzip enthält, zweifellos weniger ein psychologisches Problem als eine Frage der weltanschaulichen Einstellung.

Ich möchte mich hier zunächst auf eine *psychologische*,[3] unter pädagogischen Gesichtspunkten also »technische« Frage beschränken, nämlich die Anwendung von Lohn und Strafe als *Hilfsmittel*, um ein bestimmtes Verhalten des Kindes, ein Tun oder Unterlassen, dadurch herbeizuführen, dass man *Lohn oder Strafe in Aussicht stellt*.

Lohn[4] und Strafe sind daher nicht als soziologische oder juristische Kategorie, sondern als *psychologische* Kategorie zu verstehen, so dass ein und dieselbe Handlung je nach der Gesamtsituation des Kindes in einem Fall eine Strafe, im anderen ein Lohn sein kann.

Das Understatement von *Lewin*, es ginge ihm hier um eine »technische« Frage, wie Lohn bzw. Strafe wirke, um ein bestimmtes Verhalten zu erzielen (oder zu unterbinden), enthebt die Diskussion einer vorschnellen und unsachdienlichen Moralisierung.

---

1 Der Text von *Lewin* beginnt ohne eigene Überschrift.
2 Der in den 1920er Jahren ungebräuchliche Begriff der »gewaltlosen Erziehung« könnte ein Hinweis auf den Individualpsychologen Alfred *Adler* (1870-1937) sein.
3 Im Original sind die hervorzuhebenden Worte g e s p e r r t, nicht *kursiv* dargestellt.
4 Dieser Absatz ist im Original in Petit gesetzt.

Das In-Aussicht-Stellen eines Lohnes oder einer Strafe kommt nur dann in Frage, wenn das Kind eine andere Handlung ausführen, ein anderes Verhalten zeigen soll, als ihm momentan an sich nahe liegt. Das Kind soll eine Aufgabe lösen, eine Arbeit tun oder sonst in einer Richtung sich bewegen, die dem Kind *an sich zuwider*, die ihm gleichgültig ist oder für die sein Interesse relativ zu den notwendigen Opfern nicht stark genug ist. Das Kind soll eine Rechenaufgabe lösen, aber es liebt das Rechnen nicht. Es soll eine bestimmte Speise essen, aber es mag diese Speise nicht.

Würden die vom Erzieher gewünschten Handlungen an sich eine genügende Lockung für das Kind bedeuten, so wären Lohn und Strafe unnötig. Denn das Kind würde sich aus eigenem Bedürfnis in der gewünschten Richtung bewegen.

Lohn bzw. Strafe als Mittel, das Kind zu einer Handlung zu veranlassen, die ihm momentan zuwider ist.

Lohn und Strafe sollen also das Kind dazu veranlassen, ein gegebenes *Gebot* auszuführen oder ein *Verbot* zu beachten, d. h. eine ihm naheliegende oder erwünschte Handlung zu unterlassen.

Die Lohn- oder Straf-Situation wird jedenfalls jener Situation gegenüber zu stellen sein, in der das Verhalten des Kindes von einem ursprünglichen oder abgeleiteten *Interesse an der Sache selbst* beherrscht wird.[1]

---

1 [Fußnote von **Lewin**:] Ich beschränke mich bei der Erörterung der allgemeinen Situation bei Lohn und Strafe auf solche Fälle, wo das Kind die Strafe wirklich als Strafe und den Lohn wirklich als Lohn empfindet. Ich sehe hier also zunächst ab von jenen Fällen, in denen die Strafe vom Kinde aus irgendeinem Grunde herbeigewünscht wird (etwa weil sie eine unerträgliche Situation auflöst; weil die Strafe dem Kinde die Möglichkeit bietet, mit einem bestimmten Menschen in Kontakt zu kommen oder ähnliches mehr). Ebenso berücksichtige ich beim Lohn solche Fälle nicht, wo ein Kind zu seiner Überraschung für etwas belohnt wird, was es in Wirklichkeit sehr gern getan hat. Unsere Erörterungen stützen sich z. T. auf unsere experimentellen Untersuchungen. Vgl. [Ferdinand] *Hoppe*, Erfolg und Misserfolg, [in:]

Wenn man rein psychologisch fragt, was für das Lösen einer bestimmten Aufgabe *günstiger* ist, das Interesse an der Sache oder die Aussicht auf Lohn oder Strafe, so liegt es nahe, das natürliche Interesse deshalb als günstiger zu beurteilen, weil hier das Bedürfnis des Kindes ohne weiteres genügende seelische *Energien* zur Verfügung stellt, die im anderen Falle nicht vorhanden sind. Es wäre jedoch voreilig, die These zu vertreten, dass beim natürlichen Interesse immer eine größere[1] seelische Energie zur Verfügung steht. Denn eine genügend schwere Strafe oder eine vom Kinde ersehnte Belohnung bringt zweifellos unter Umständen sehr viel größere und nachhaltigere Kräfte[2] ins Spiel, als das Interesse an der betreffenden Sache selbst.

Lohn bzw. Strafe
versus
Interesse an der Sache.

Psychol. Forschg., Bd. 14 (1930), S. 1ff; [Sara] *Fajans*, Die Wirkung von Erfolg und Misserfolg auf Ausdauer und Aktivität beim Säugling und Kleinkind, [in:] Psychol. Forschg. 1931 [im Inhaltsverzeichnis aller Bände finden sich zwei thematisch ähnliche, mit *Lewin* zusammen verfasste Beiträge im Bd. 17, 1933, also nach Erscheinen des vorliegenden Essays, aber nicht der genannte Beitrag]; [Tamara] *Dembo*, Der Ärger als dynamisches Problem, [in:] Psychol. Forschg., [Band 15] 1931 [der Beitrag trägt den Titel »Untersuchungen zur Handlungs- und Affektpsychologie«, aber auch in anderen Schriften zitiert *Lewin* ihn unter dem hier angegebenen Titel], und eine Untersuchung von *Ucko* über die Wirkung des Verbots (in Vorbereitung) [noch in der englischen Übersetzung (1935) ist die Untersuchung als »in preparation« erwähnt; um wen es sich bei dem Autor handelt, konnte ich nicht ermitteln; auch der Herausgeber von Band 6 der »Werkausgabe« (1982), in dem der vorliegende Aufsatz wieder abgedruckt wurde, identifiziert den Autor nicht].

1 Der Satz des Originals enthält kein ß. Ich verwende für diese Ausgabe die ß-Regel der neuen Rechtschreibung, halte mich aber bis auf eindeutige Fehler im Übrigen an die Orthographie des Originals; in Zweifelsfällen erfolgt eine Fußnote. Die Angaben in *Lewins* Fußnoten habe ich ergänzt und vorsichtig vereinheitlicht.

2 In »Struktur der Seele« (als »Vorbemerkung« zu »Vorsatz, Wille und Bedürfnis«, 1926; wobei die »Vorbemerkung« denselben Umfang wie der Haupttext selber hat) unterscheidet *Lewin* Energie von Kraft. An dieser Stelle zeigt sich, dass er selber die Unterscheidung sprachlich nicht durchhält.

Strafqualitäten
1. kalkulierbar
2. unkalkulierbar
   a) angekündigt (Willkür),
   b) unangekündigt (Affekt)
3. vom Kind erwünscht
   (insofern eine Belohnung)

Belohnungsqualitäten
1. Belohnung als Lockung
2. Belohnung als Ansporn
3. Belohnung als Überraschung
   (Verstärkung?)

Lewin behandelt hier bloß die jeweils erste Qualität (mit impliziten Hinweisen zur Belohnung als Ansporn).

Auch wenn man auf die »*Natürlichkeit*« des Interesses gegenüber der »Künstlichkeit« im anderen Falle einen psychologischen Vorzug der ersten Methode zu gründen versucht, benutzt man Begriffe, die zumindest einer sehr viel präziseren Formulierung bedürfen, wenn sie psychologisch stichhaltig sein sollen. Auch in den Fällen nämlich, wo es sich um ein Interesse des Kindes an der Sache selbst handelt, ist dieses Interesse meist irgendwie »abgeleitet«: Ein natürliches Interesse des Kindes an Ziffern oder Buchstaben beruht im einzelnen Fall etwa darauf, dass es sich für die verschiedenen Linien der elektrischen Straßenbahn interessiert, oder für die Hausnummern oder die Schilder an den Geschäften.

Auch wenn also das Kind von sich aus Interesse an Zahlen oder Buchstaben hat, so ist ein solches Interesse doch nur mit Vorbehalt als »natürlich« zu bezeichnen. Es hat sich z. B. durch das Leben des Kindes in einem bestimmten großstädtischen Milieu entwickelt und ist jedenfalls irgendwie *vermittelt* und aus ursprünglichen Bedürfnissen abgeleitet.

Ganz ähnlich liegen die Verhältnisse in den meisten Fällen selbst dann, wenn das Interesse lebhaft ist.

Von hier aus könnte Strafe und Lohn lediglich als ein Versuch des Pädagogen erscheinen, eine solche vermittelte Interessebetonung in den Fällen absichtlich herbeizuführen, in denen sie nicht schon durch das Schicksal des Kindes (sozusagen zufällig) zu stande gekommen ist. In der Tat findet man in der Kinder- und Entwicklungspsychologie häufig – und zwar nicht nur in der Reflexologie[1] – die Meinung vertreten, dass es die wesentliche Auf-

Problematik des Interesse-Begriffs und dessen Gleichsetzung mit »Natürlichkeit«.

[1] Reflexologie: Vorläuferbegriff des Behaviorismus: Vorstellung, alles Verhalten sei

gabe von Lohn und Strafe beim kleinen Kinde sei, »assoziativ«[1] die gewünschten Betonungen herbeizuführen. Damit würde also – in einer für manche Pädagogen fatalen, für andere recht angenehmen Weise – jeder tiefere psychologische Unterschied zwischen einer Interessenpädagogik und der Verwendung von Strafe und Lohn entfallen.

Will man Art und Umkreis der hier in Frage kommenden Vorgänge übersehen, so ist es zunächst einmal notwendig, sich einen genauen Einblick in den *Aufbau der konkreten psychologischen Situation* zu verschaffen, um die es sich handelt. Denn das Verhalten eines Kindes sowie der psychologische Sinn einer Einwirkung lässt sich bei Lohn und Strafe ebensowenig wie bei irgendwelchen anderen Einwirkungen oder Verhaltensweisen aus dem isolierten Reiz als solchem oder aus dem einzelnen innerseelischen Vorgang ableiten. Er lässt sich auch nicht hinreichend dadurch charakterisieren, dass man ihn allgemein einem »natürlichen« oder einem »abgeleiteten« Bedürfnis zuordnet. Ein Verständnis für die Wirkung eines Eingriffes oder für ein tatsächliches Verhalten ist vielmehr nur möglich, wenn man die Stellung des betreffen-

Lewins Programm: Ein psychologisches Verständnis für die Wirkung der jeweiligen (pädagogischen, erzieherischen) Eingriffe entwickeln.

mit dem Reiz-Reaktions-Reflex zu erklären (ohne Zutun von Bewusstsein, Sinn und Entscheidung).

1 Hinweis auf den Assoziationismus, jene Vorstellung, dass alle psychologischen Gegebenheiten, alles Verhalten, ja auch die Kausalität auf rein gewohnheitsmäßige Verkoppelung durch zeitliche und örtliche Nähe zu erklären seien. *Lewins* wissenschaftliche Karriere begann, indem er eine besonders subtile und schon der Gestaltpsychologie angenäherte Variante des Assoziationismus durch allerlei Experimente beweisen wollte, jedoch auf ganzer Linie enttäuscht wurde: Die Experimente widerlegten den Assoziationismus so gründlich, dass er in der weiteren psychologischen Theorieentwicklung keine Rolle mehr spielte. Vgl. Stefan *Blankertz*, Kurt Lewins Kritik der Ganzheit, 2. Auflage 2020 (edition g. 403), S. 124ff.

den Vorganges im Ganzen der jeweiligen konkreten Situationen betrachtet. Und zwar ist eine begriffliche Ableitung des tatsächlichen Geschehens immer nur aus der Beziehung zwischen einem so gearteten Individuum und der besonderen Aufbaustruktur der jeweiligen Situation möglich.[1]

In der Arbeit und im Spiel, beim Ausdruck, in der Handlung, im Affekt, überall wird das wirkliche Geschehen von der jeweiligen Struktur der Umwelt mitbestimmt. (Dabei hat man nicht nur an die momentane Situation im engeren Sinne des Wortes, sondern auch an den umfassenden psychologischen Lebensraum zu denken, den man als »Milieu« bezeichnet.) Die Aufgabe einer wissenschaftlichen *Darstellung* der psychologischen Umwelt besitzt also eine fundamentale Bedeutung, und zwar gerade für die wichtigsten Fragen der Psychologie, nämlich für die Erklärung der psychologischen Dynamik. Trotzdem fehlte es bisher sehr an geeigneten Mitteln für diese Aufgabe. Unsere Erörterungen können,[2] abgesehen von ihrem speziellen Thema, zugleich als ein elementares Beispiel zur Veranschaulichung einer Methode angesehen werden, die ich als wesentlichen Schritt zur Erfüllung dieser Aufgabe betrachte.

Die folgende Analyse der Situation geschieht in der Form, dass

Erste Andeutung der späteren feldtheoretischen Formel: Verhalten sei die Funktion von Umgebung und Person.

---

1 [Fußnote von **Lewin:**] Kurt *Lewin*, Der Übergang von der aristotelischen zu galileischen Denkweise in Biologie und Psychologie, [in:] Erkenntnis, Bd. 1 (1931), S. 421 [bis 466] [auch in: Kurt Lewin Werkausgabe, Band 1, Bern 1981]. Ferner [ders.,] »Zwei Grundtypen von Lebensprozessen«, Z. f. Ps., Bd. 113 (1929), S. 209f.

2 Der Wechsel vom Autoren-Wir zum Ich mag rein willkürlich oder stilistisch sein. Zugleich jedoch ist dort, wo *Lewin* »wir« sagt, oft auch seine Forschergruppe am Berliner Institut gemeint, die aus seinen Schüler*innen bestand. *Lewin* war als ihr Hochschullehrer ausgesprochen unterstützend, fördernd und großzügig.

ich eine präzise topologische[1] *Abbildung* ihrer Gesamtstruktur, und zwar der für die Dynamik entscheidenden Faktoren zu entwickeln versuche. Ich gebe im wesentlichen sogleich die Resultate, d.h. ich begründe im Vertrauen auf die unmittelbare Verständlichkeit hier nicht ausführlich, *warum* ich gewisse psychische Eigenheiten der Situation etwa als »Barrieren« darstelle, dagegen andere als »Vektoren« (Kräfte),[2] andere wiederum als »Gebiete«.

Hierin besteht die eigentliche Forschungsaufgabe und hier liegen die großen Schwierigkeiten der im Resultat meist einfach erscheinenden Darstellung. Ist es doch bei einer solchen topologischen Abbildung nicht angängig, so wie es bei rein verbaler Darstellung leicht möglich ist, irgendwelche Einzelheiten der Situation relativ isoliert herauszugreifen. Das angewandte Verfahren zwingt vielmehr dazu, primär von der jeweiligen *Gesamtsituation* als einem Ganzen auszugehen. Aus diesem Grunde und wegen der begrifflichen Präzision dieser Darstellungsmittel muß[3] man bei ihrem Gebrauch jeweils einen ganzen Umkreis implizit mitgesetzter Konsequenzen berücksichtigen.

Andererseits gestattet es eine derartige Darstellung aus den gleichen Gründen in besonders hohem Maße, eine Fülle von zu-

Topologie:
Analyse der psychischen Dynamik in Form der räumlichen Visualisierung mit Einzeichnen der Kräfte als Vektoren.

---

[1] »topologische Abbildung«: räumliche Darstellung, »Landkarte«. »Topologie« verwendet *Lewin* allerdings im mathematischen, nicht im geografischen Sinne; siehe den letzten Absatz dieser Vorbemerkung.

[2] Präziser, als Vektoren nur »Kräfte« zu nennen, wäre es im Sinne der Vektorpsychologie *Lewins*, hier von »gerichteten Kräften«, Kraft- oder Wirkrichtungen zu sprechen.

[3] An dieser Stelle steht im Original, abweichend vom sonstigen durchgängigen Gebrauch des ss, tatsächlich ein ß.

nächst unverbundenen oder sich widersprechenden Einzelheiten einheitlich zu umfassen und ihren inneren Zusammenhang klarzulegen. Ich beschränke mich im folgenden auf die Erörterung der *Grundlinien* der jeweiligen Gesamtsituation. Sie sind die Grundlage auch für das Verständnis der differenzierten Überlagerungen und Schichtungen vieler Einzelfälle.

Wir besprechen zunächst kurz einige Eigentümlichkeiten der durch das Interesse an der Sache bestimmten Situation, dann die psychologische Situation bei Lohn und Strafe (und zwar zunächst bei Geboten, dann bei Verboten).

Es ist hier nicht der Ort, nachzuprüfen, ob die Psychologie berechtigt ist, die Begriffe der mathematischen Topologie, also einer nicht-metrischen qualitativen Zusammenhangslehre sehr allgemeiner Natur zu verwenden. Betonen möchte ich jedoch, dass es sich nicht etwa darum handelt, die *physikalisch*-geografische Situation abzubilden, auch nicht die »objektive« *soziologische* Situation, sondern die Struktur der für das Kind jeweils bestehenden *psychologischen* Situation. Ich brauche wohl nicht besonders zu bemerken, dass die im Folgenden benutzten Vektoren keine *physikalischen* Kräfte darstellen.[1]

Zur Erinnerung:
Die beiden Hauptsätze
der psychischen Dynamik
lauten nach *Lewin*
1. Gegenwärtigkeit
2. (Ziel-)Gerichtetheit
allen Verhaltens.

---

1 Dieser Absatz ist im Original in Petit gesetzt; »im Folgenden« hier (wie zu Kapitelanfang) großgeschrieben. – Die Schlussbemerkung zeigt, dass *Lewin* sich eben keine physikalisch-mathematische Begrifflichkeit für die Psychologie ersehnte.

I. Die Situation bei Interesse an der Sache

Der Aufbau der Situation in dem Falle, wo ein Kind aus Interesse an einer Aufgabe oder einer Beschäftigung, etwa einem Spiel mit der Puppe, sich dieser Beschäftigung zuwendet, ist in dynamischer Hinsicht relativ einfach. Die Situation ist beherrscht von einer Lockung, oder, wie wir sagen, einem positiven Aufforderungscharakter.[1] (Vgl. Abb. **1**.) Das Kind (K) sieht sich etwa einer Puppe gegenüber. Das Puppenspiel (P) besitzt momentan für das Kind einen Aufforderungscharakter, es besteht eine psychische Feldkraft (ein Vektor v) vom Kind in Richtung auf das Puppenspiel. Ist diese Lockung relativ zu den sonstigen in der Situation bestehenden psychischen Kräften stark genug, so wird eine Aktion des Kindes in dieser Richtung einsetzen.

Wie benimmt sich das Kind, wenn eine solche Aktion in der Richtung der Lockung auf Schwierigkeiten stößt, wenn etwa eine Bank den Zugang zur Puppe erschwert, oder das Verbot eines Erwachsenen, oder die Machtsphäre eines anderen Kindes diesem Ziele entgegensteht? Psychologisch bedeutet eine derartige Schwierigkeit, sei sie nun physikalischer oder sozialer Natur, dass sich zwischen Kind und Puppe eine *Barriere* (B) (Abb. **2**) befindet. Eine solche Barriere wird die Aktion des Kindes auf das Ziel hin erschweren; sie wird sie aber in der Regel nicht ganz zum Stehen

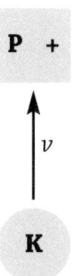

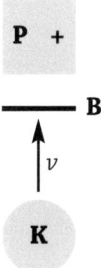

Legende:
+ positive Valenz
B Barriere
K Kind
P Puppenspiel
v Vektor

---

1 [Fußnote von **Lewin:**] Wir kennzeichnen den positiven Aufforderungscharakter durch ein **+**, den negativen durch ein **–**. [Im US-amerikanischen Exil benennt *Lewin* den »Aufforderungscharakter« in »Valenz« (Wertung) um.]

21

Abbildung **3**: Umgehung

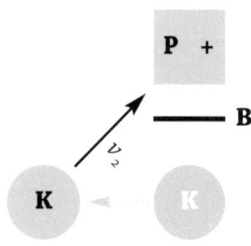

bringen, sondern zunächst aus der ursprünglichen Richtung abdrängen.[1] Das Kind wird etwa versuchen, um die Bank herum zu gehen, oder den Erwachsenen umzustimmen, oder die Puppe von seinem Kameraden »wenigstens für eine Weile« zu »borgen«. Allgemein formuliert ergibt sich also folgende charakteristische dynamische Eigentümlichkeit solcher durch das »Interesse an der Sache selbst« bedingten Geschehnisse: Wird das Kind infolge von Schwierigkeiten aus der ursprünglichen Richtung *abgedrängt* (Abb. **3**), so *ändert sich* mit der veränderten Lagebeziehung zwischen Person und Ziel auch *die Richtung der Feldkraft derart, dass immer wieder ein Vektor (v) in der Richtung des Zieles* auftritt und ein entsprechendes Geschehen in Gang setzt. Das Verhalten macht also einen ausgesprochen »zielstrebigen« Eindruck. Es herrscht eine »natürliche Teleologie«.[2]

Was man gemeinhin als *Teleologie* bezeichnet und als Spezifikum des Verhaltens der Lebewesen ansieht, ist zum gut Teil nichts anderes als ein Ausdruck der Tatsache: ein *positiver* Aufforderungscharakter beherrscht die Situation derart, dass die Richtung der Feldkräfte sich mit Veränderungen der Lage der Person in der angegebenen Weise ändert.[3]

---

1 [Fußnote von **Lewin:**] Was im konkreten Fall geschieht, hängt von [1] der *Festigkeit* und [2] der *Form* der Barriere ab, von [3] ihrer *Richtung* relativ zur Richtung des Feldvektors und [4] vor allem auch davon, ob die Barriere das Ziel rings *umschließt* oder Zugänge offen lässt.

2 *Zielstrebig* steht in „Gänsefüßchen" unten / oben, *natürliche Theologie* in »spitzen« Anführungszeichen. Meist werden spitze Anführungszeichen, manchmal Gänsefüßchen verwendet. Dies scheint jedoch keiner (erkennbaren) Absicht des Autors zu entsprechen, sondern dem Zufall des Setzers. In der US-amerikanischen Ausgabe von 1935 werden durchgängig "Gänsefüßchen" oben verwendet.

3 Dieser Absatz ist im Original in Petit gesetzt.

Legende:
+ positive Valenz
B Barriere (Schwierigkeit)
K Kind
P Puppenspiel
v_2 Vektor (nach Umweg)

II. Gebot mit Strafandrohung

1. Art und Lage der Aufforderungscharaktere

Bei der Lohn- oder Straf-Situation hat, wie [⊟ S. 14] erwähnt, die Beschäftigung oder allgemein das Verhalten, das vom Kinde verlangt wird, nicht einen positiven, sondern einen *negativen Aufforderungscharakter*. Das Kind hat zum Beispiel keine Lust, eine Seite mit dem Buchstaben *i* zu füllen; es möchte nicht rechnen. Auf das Kind wirkt also ein Vektor im Sinne einer Abstoßung von der Aufgabe (A) (Abb. **4**).

Schon aus diesem Umstand ergeben sich einige ganz einfache, aber pädagogisch wesentliche Fakten. Das Kind wird die Tendenz zeigen, entsprechend dem negativen Aufforderungscharakter der Aufgabe, sich nicht wie bei der Interesse-Situation der Aufgabe möglichst zu nähern, sondern umgekehrt sich von der Aufgabe möglichst *entfernt* zu halten. Statt, wie bei der Interesse-Situation, jede Möglichkeit zur Annäherung zu begrüßen und zu benutzen, wird es jede *Annäherung aktiv zu verhindern* suchen und zunächst einmal die Erledigung der Aufgabe *zeitlich* so weit wie möglich *hinausschieben*. Solche Aufgaben pflegen erst dann, wenn es durchaus nicht mehr anders geht, erst in der letzten Minute erledigt zu werden. Es besteht ferner die Tendenz, so schnell wie irgend möglich wieder von der Aufgabe weg zu kommen.

Will man das Kind bewegen, trotz seiner Abneigung zu rechnen, so kommt es zunächst in der Tat darauf an, das Kind von seiner gegenwärtigen Beschäftigung, etwa irgend einem Spiel fort »*auf die Rechenaufgabe hin zu bewegen*«. Das bedeutet dynamisch, es muss auf irgend eine Weise eine Feldkraft erzeugt werden, die

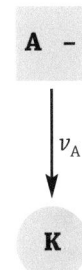

Legende:
− negative Valenz
A Aufgabe
K Kind
v_A Vektor (der Aufgabe)

23

Abbildung **5**: Konflikttyp 2   **II. Gebot mit Strafandrohung**

A –

v_A

K

v_{St}

St –

Legende:
– negative Valenz
A Aufgabe
K Kind
St Strafe
v_A Vektor (der Aufgabe)
v_{St} Vektor (der Strafe)
(Zu den anderen beiden Konflikt-typen vgl. ✦ S. 28f.)

dem Vektor (v_A) entgegengerichtet und stark genug ist, ihn zu überwinden.

Eine Möglichkeit dazu ist die Androhung einer *Strafe*. Hierbei ist es zunächst gleichgültig, ob der Charakter der Strafe als solcher nackt zu Tage tritt oder verdeckt ist.

Man sagt etwa: [»]Wenn du nicht rechnest, so bekommst du Schläge, du darfst einen Ausflug nicht mitmachen, du bekommst eine schlechte Note, du bleibst sitzen.[«] In diesem Falle benutzt man also einen *zweiten negativen* Aufforderungscharakter, eine weitere Unannehmlichkeit. Um eine Feldkraft zu schaffen, die dem vom ersten negativen Aufforderungscharakter ausgehenden Vektor entgegengesetzt gerichtet ist, muss man den zweiten Aufforderungscharakter »*hinter*« das Kind stellen.

Die Grundsituation nach der Strafandrohung entspricht also topologisch der Abb. **5**: Das Kind befindet sich *zwischen* zwei negativen Aufforderungscharakteren, der Rechenaufgabe (A) und der Strafe (St). Dabei muss, wenn die Strafandrohung wirksam sein soll, der von ihr ausgehende Vektor (v_{St}) so stark sein, dass er den Vektor (v_A) auch dann überwindet, wenn das Kind in unmittelbare Nähe der unangenehmen Aufgabe kommt, und dass er auch später das Kind im Felde der unangenehmen Aufgabe hält.[1]

Wir stellen zunächst, um den Unterschied von der Interesse-Situation deutlicher zu machen, eine abstrakte Überlegung an: Wird das Kind in der *Interesse-Situation* durch eine Schwierigkeit *abgedrängt*, so ändert sich, wie wir [✦ S. 22] sahen, ohne weiteres die Richtung des Vektors derart, dass das Kind wiederum die

---

1 [Fußnote von **Lewin:**] Ist das Kind erst einmal im Felde der Aufgabe, so kommen daneben allerdings auch andere Faktoren in Frage (vgl. ✦ S. 46f.).

Richtung auf das ursprüngliche Ziel einschlägt. Wird das Kind in der *Straf-Situation* durch eine Schwierigkeit abgedrängt, so wird es sofort eine Richtung von der Aufgabe weg einschlagen.

Will man erneut eine Bewegung in der Richtung auf die unerwünschte Aufgabe veranlassen, so muss der zweite negative Aufforderungscharakter, die Strafe, nunmehr einen solchen Platz bekommen, dass er der jetzigen Richtung des Vektors (v_A) wiederum entgegengesetzt gerichtet ist (Abb. **6**).[1] Bei dieser Situation fehlt also jene pädagogisch wichtige Eigentümlichkeit der Interesse-Situation, der gemäß das Kind, wenn es durch Schwierigkeiten abgedrängt ist, (falls diese nicht zu unangenehm werden) *von selbst wiederum die Richtung zur Aufgabe nimmt* (vgl. Abb. 3 [S. 22]).

Aber auch ohne besondere Schwierigkeiten bei der Durchführung der Aufgabe besteht in der Situation der Strafandrohung von vorn herein und als *Dauerzustand* eine Konstellation, in der das Kind von der Aufgabe abgedrängt wird. Der negative Aufforderungscharakter der Aufgabe wirkt ja von sich aus dynamisch ähnlich wie eine Schwierigkeitsbarriere (er behindert das Näherkommen), nur in vieler Hinsicht stärker. Das Abgedrängtwerden wird überdies dadurch begünstigt, dass ja noch ein zweiter negativer Aufforderungscharakter, die Strafe, vorhanden ist, [so]dass sich das Kind in einer *Konfliktsituation* befindet.

❁

[Wegen der Brisanz dieses Gedankens habe ich auf den folgenden Seiten über *Lewin* hinausgehend die Abb. 6 ausgearbeitet.]

---

1 Zugleich bedarf es eines Ratschlags zur Überwindung der Schwierigkeit; wie etwa: »Wenn du dein Heft nicht findest, schreibe die Lösung auf ein loses Blatt.«

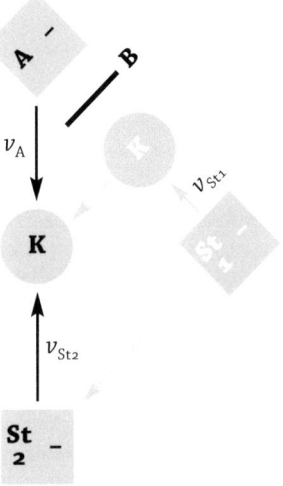

Legende:
– negative Valenz
A Aufgabe
B Barriere (Schwierigkeit)
K Kind
St₁ Strafe (*vor* Justierung)
St₂ Strafe (*nach* Justierung)
v_A Vektor (der Aufgabe)
v_{St1} Vektor (der Strafe 1)
v_{St2} Vektor (der Strafe 2)

Abb. 6a:
Das Kind sieht sich
zwischen den negativen
Aufforderungscharakteren der
Aufgabe und der Strafe (das
entspricht der Abb. 5).

Abb. 6b:
Es entscheidet sich, um der
drohenden Strafe zu entgehen, die
Aufgabe in Angriff zu nehmen.
Doch hierbei stößt es auf eine
Schwierigkeit (Barriere); anders als
bei der Situation von Interesse an
der Sache (◧ Abb. 3) versucht
das Kind nun nicht, die
Schwierigkeitsbarriere zu
überwinden. Denn es befindet
sich in der für es vorteilhaften
Situation, dass es die ungeliebte
Aufgabe nicht weiter ausführen
kann und somit die Strafe
ihre Funktion, es zur
Aufgabenerfüllung zu nötigen,
nicht mehr hat (selbst im Falle
eines ungerechten Erwachsenen,
der trotz des objektiven
Hinderungsgrundes die Strafe
verabreicht).

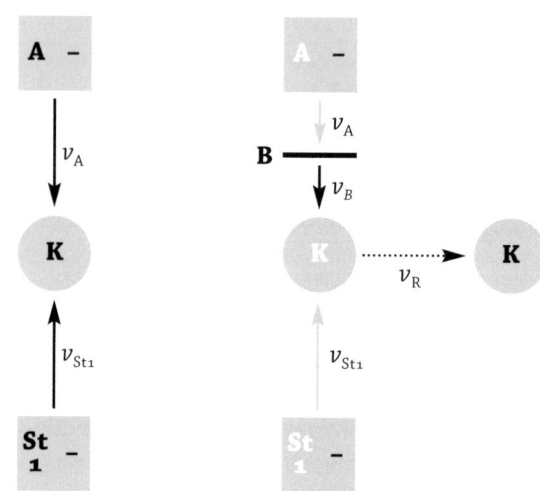

Legende:
−   negative Valenz
A   Aufgabe
B   Barriere (Schwierigkeit)
K   Kind
St₁ Strafe (*vor* Justierung)
St₂ Strafe (*nach* Justierung)
v_A Vektor (der Aufgabe)
v_B Vektor (der Barriere)
v_R Vektor (der Resultante)
v_{St_1} Vektor (der Strafe 1)
v_{St_2} Vektor (der Strafe 2)

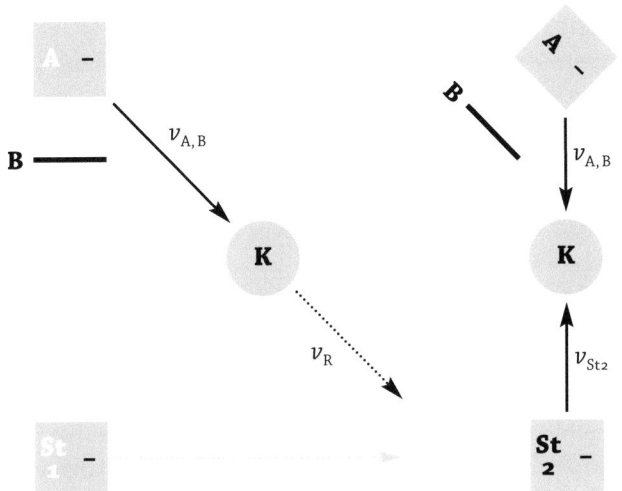

Abb. 6c:
Will man das Kind dennoch (weiterhin vermittels der Androhung von Strafe) zur Aufgabenerfüllung veranlassen, hat man die Strafe so zu modifizieren, dass das Kind nun zusätzlich zu einer *Umgehung* der Schwierigkeitsbarriere genötigt wird.

Abb. 6d:
Erst nach einer Justierung der Strafe kann deren negativer Aufforderungscharakter das Kind erneut veranlassen, die Erledigung der Aufgabe in Angriff zu nehmen. (Das entspricht wieder Abb. 5.) Da die Überwindung der Barriere eine zusätzliche Schwierigkeit bedeutet, von der dann ein eigener negativer Aufforderungscharakter ausgeht, bedeutet dies, dass die neu justierte Strafe auch deutlich *härter* sein muss.

Grafiken 6a bis 6d in Anlehnung an *Lewin*. Sie finden sich bei *Lewin* nicht.

Abbildung **7**: Konflikttyp 1

2. Allgemeiner Exkurs über den Konflikt

Ein Konflikt, das sei hier kurz angemerkt, ist psychologisch zu charakterisieren als eine Situation, in der *gleichzeitig entgegengesetzt gerichtete*, dabei annähernd gleich starke *Kräfte* auf das Individuum einwirken. Demgemäß sind drei Grundfälle einer Konfliktsituation möglich.

1. Das Individuum steht *zwischen* zwei positiven Aufforderungscharakteren von annähernd gleicher Stärke (Abb. **7**). Es ist der Fall von Buridans Esel, der zwischen zwei Heuhaufen verhungert.[1]

   Im allgemeinen findet gerade ein derartiger Konfliktfall relativ leicht eine Lösung. Es handelt sich nämlich in der Regel um ein labiles Gleichgewicht: Eine Annäherung an die eine Lösung gibt dieser häufig bereits das Übergewicht vor der anderen. Die Entscheidung zwischen zwei angenehmen Dingen ist in der Regel leichter, als die Entscheidung zwischen zwei Unannehmlichkeiten, es sei denn, dass es sich um Fragen handelt, die sehr tief in das Leben des Individuums einschneiden.

   Eine[2] solche Konfliktsituation kann allerdings auch zu einem *Pendeln* zwischen den beiden Lockungen führen. Dabei spielt wesentlich mit, dass auf Grund der Entscheidung für das eine Ziel sein Aufforderungscharakter in diesen Fällen schwächer wird als der Aufforderungscharakter des Zieles, auf das man verzichtet hat.

---

1 ... weil er sich zwischen zwei gleich großen und gleich weit entfernten Heuhaufen nicht entscheiden kann. Ein schon in der Antike beliebtes Paradox. Bei dem Namensgeber Johannes Buridan aus dem 14. Jh. findet es sich jedoch paradoxerweise nicht.
2 Dieser Absatz ist im Original in Petit gesetzt.

Konflikttyp 2
↰ Abb. 5, S. 24

2. Die zweite Grundsituation eines Konfliktes ist dann gegeben, wenn sich das Individuum *zwischen* zwei ungefähr gleich starken *negativen* Aufforderungscharakteren befindet. Die eben besprochene Strafsituation (Abb. **5** [⊟ S. 24]) ist dafür ein charakteristisches Beispiel, auf das wir sogleich näher eingehen werden.

3. Schließlich besteht die Möglichkeit, dass der eine der beiden entgegengesetzten Feldvektoren auf einen *positiven*, der andere auf einen *negativen* Aufforderungscharakter zurückgeht. Zu einem Konflikt kommt es in diesem Falle allerdings nur, wenn das Individuum nicht zwischen diesen Aufforderungscharakteren steht, sondern wenn der positive und der negative Vektor *von derselben Seite* her auf das Kind einwirken. Ein Kind möchte zum Beispiel einen Hund streicheln, vor dem es zugleich Angst hat; es möchte eine Torte essen, die ihm verboten ist. In diesem Falle besteht die in Abb. **8** gekennzeichnete Konfliktsituation. Wir werden unten Gelegenheit haben, auf einen solchen Fall ausführlicher einzugehen [⊟ S. 77-80].

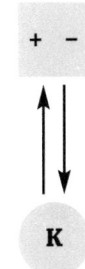

3. *Ausbruchstendenzen. Die Außenbarriere*

Die Strafandrohung schafft für das Kind also eine Konfliktsituation von dem in Abb. **5** [⊟ S. 24] dargestellten Typus: Das Kind steht zwischen zwei negativen Aufforderungscharakteren und entsprechenden Feldkräften. Auf einen solchen doppelseitigen *Druck* muss das Kind notwendig mit der Tendenz reagieren, *beiden* Unannehmlichkeiten aus dem Wege zu gehen. Es handelt sich hier nämlich um ein *labiles* Gleichgewicht, um eine Situation, in der die geringste »seitliche« Verschiebung von K eine sehr starke Resultante (v_R) *senkrecht* zur Richtung: Strafe – Aufgabe ergeben

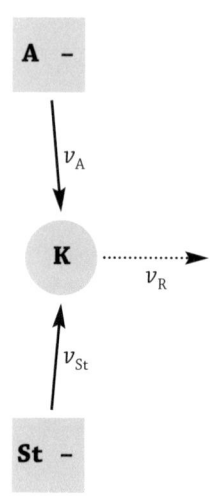

Legende:
– negative Valenz
A Aufgabe
K Kind
St Strafe
v_A Vektor (der Aufgabe)
v_R Vektor (als Resultante)
v_{St} Vektor (der Strafe)

muss (Abb. **9**).[1] Das Kind wird also allemal versuchen, unter Vermeidung sowohl der Aufgabe wie der Strafe *aus dem Felde zu gehen* (im Sinn des gestrichelten Pfeiles in Abb. 9).

Es kommt folgendes hinzu: Nicht immer kommt das Kind sogleich so in die Situation der Strafandrohung hinein, dass es *zwischen* Strafe und unangenehmer Aufgabe steht. Häufig, zum Beispiel dann, wenn das Kind erst im Laufe der nächsten vierzehn Tage eine unangenehme Schulaufgabe zu erledigen hat, auf deren Nichtausführung eine Strafe steht, befindet sich das Kind zunächst noch *außerhalb* der ganzen Angelegenheit. Strafe und Aufgabe bilden dann ein relativ einheitliches undifferenziertes Ganzes, das dem Kinde doppelt unangenehm ist (vgl. ⊡ S. 43 ff). Das Kind will von der ganzen unangenehmen Sache nichts wissen. In dieser Situation (Abb. **9a**) ist also eine starke Fluchttendenz vorhanden, die bisweilen mehr auf der Strafandrohung bzw. auf der Steigerung der Unannehmlichkeit des Gesamtkomplexes durch die Strafandrohung beruht als auf der Unannehmlichkeit der Aufgabe selbst.[2]

Der primitivste Versuch, sich zugleich vor der Aufgabe und vor der Strafe zu »drücken«, ist ein *körperliches Aus-dem-Felde-Gehen*, ein Weglaufen, Sicht-Verstecken. Häufig geschieht dieses Aus-dem-Felde-Gehen hier wie in ähnlichen Konfliktsituationen *zeitweilig*, auf einige Minuten oder Stunden. In schweren Fällen wiederholter Strafe kann eine neue Strafandrohung die Wirkung haben, dass das Kind versucht, wirklich ganz von Hause fort-

---

1 M. E. »... *waagerecht zur Richtung: Strafe – Aufgabe*« (vgl. *Lewins* Original, ⊡ S. 110).
2 Dieser Absatz ist im Original in Petit gesetzt. Der Flucht in Irrealität, (Tag-)Traum und Halluzination widmet *Lewin* unten (s. ⊡ S. 64-74) eine ausführliche Passage.

zulaufen. In den Anfangsstadien des kindlichen Vagabundierens spielt häufig Angst vor Strafe eine gewisse Rolle.[1]

Eine andere Form des Aus-dem-Felde-Gehens ist die Beschäftigung mit irgendwelchen anderen Aufgaben. Häufig sucht das Kind das Aus-dem-Felde-Gehen dadurch zu *verdecken*, dass es eine Beschäftigung wählt, gegen die der Erwachsene nichts einwenden kann. Es macht etwa eine andere, ihm angenehmere Schulaufgabe oder erledigt irgendwelche Besorgungen, die ihm aufgetragen waren, und ähnliches mehr.

Schließlich kann das Kind mitunter sowohl der Strafe wie der unangenehmen Aufgabe dadurch entrinnen, dass es den Erwachsenen in mehr oder weniger grober Form *betrügt*. In Fällen, die schwer nachprüfbar sind, behauptet das Kind etwa, die Aufgabe erledigt zu haben, auch wenn das nicht der Fall ist; oder es sagt (das ist eine etwas raffiniertere Form des Betruges), eine dritte Person hätte ihm die unangenehme Aufgabe erlassen oder die Erledigung der Aufgabe sei aus irgendwelchem anderen Grunde unnötig.

Die durch die Strafandrohung geschaffene Konfliktsituation schafft also (vgl. Abb. 5 und **9**) eine sehr starke Tendenz, aus dem Felde zu gehen. Beim Kinde wird mit Notwendigkeit gemäß der Topologie und den Feldkräften dieser Situation immer ein derartiges *Aus-de-Felde-Gehen zustande kommen, falls nicht besondere Maßnahmen dagegen getroffen werden*. Will der Erwachsene das Kind trotz des negativen Aufforderungscharakters der Aufgabe

---

1 [Fußnote von **Lewin:**] [August] *Homburger*, [Vorlesungen über] Psychopathologie des Kindesalters, Berlin 1926 [Erstveröffentlichung 1910], S. 508[ff]. [»Fortlaufen bei Imbezillen und Psychopathen verschiedener Typen«.]

Abbildung **10**: Außenbarriere

II. Gebot mit Strafandrohung

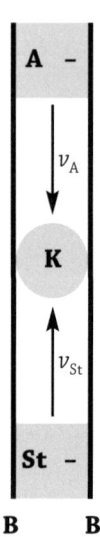

Legende:
- negative Valenz
A Aufgabe
B Barriere (gegen Ausbruch)
K Kind
St Strafe
v_A Vektor (der Aufgabe)
v_{St} Vektor (der Strafe)

zu dieser Beschäftigung bewegen, so genügt also nicht die Strafandrohung, sondern man muss überdies dafür sorgen, dass es dem Kinde unmöglich ist, aus dem Felde zu gehen. Das heißt, der Erwachsene muss irgendwelche *Barrieren* schaffen, die eine solche Flucht verhindern. Er wird eine Barriere (B) so um das Kind zu legen haben, dass der Weg ins Freie für das Kind nur durch die Erledigung der Aufgabe oder aber durch die Strafe hindurch möglich ist (Abb. **10**).[1]

In der Tat werden Strafandrohungen, die das Kind zu einer bestimmten Beschäftigung bewegen sollen, immer so gefasst, dass sie – mit dem Felde der Aufgabe und der Strafe zusammen – das Kind *ringsum* einschließen. Der Erwachsene ist sogar gezwungen, die Barriere so einzurichten, dass dem Kinde keine »*Lücke*« bleibt, durch die es hindurchschlüpfen könnte. Ist der Erwachsene zu ungeschickt dazu oder reicht seine Macht in dieser Hinsicht nicht

1 [Fußnote von **Lewin:**] Die *Barrieren* sind in dieser und in späteren Abbildungen durch *dicke* Grenzlinien dargestellt. Die *dünnen* Linien [*grauen* Flächen] dienen der Umgrenzung qualitativ bestimmter Bezirke (z. B. des Bezirks der Aufgabe), falls diese Grenzen psychologisch keine große dynamische Festigkeit besitzen. Es ist an und für sich notwendig und möglich, mehrere Grade an Grenzfestigkeit zu unterscheiden (vgl. G[ita] *Birenbaum*, Das Vergessen einer Vornahme, [in:] Psych. Forsch. Bd. XIII, 1930, Heft 2 u. 3). Doch können wir uns hier auf eine schematische Unterscheidung zweier Fälle beschränken. [Barrieren als Wall gegen Ausbruch sind andere als die Schwierigkeitsbarrieren in den Abb. 3 ◧ S. 22 u. 6 ◧ S. 25. Wenn Barrieren einen Ausbruch verhindern sollen, müssen sie, wie *Lewin* deutlich macht und worauf er immer wieder zurückkommt, das Kind völlig einschließen und dürfen ihm keinen Bewegungsspielraum lassen als den, die Aufgabe zu erfüllen; Schwierigkeitsbarrieren ergeben sich *entweder* aus den sachlichen Gegebenheiten der Bewältigung einer Aufgabe und umschließen sie *oder* aus persönlichen Hemmungen wie gesundheitlichen, psychischen oder sozialen Einschränkungen: Sie fordern die Bewältigung heraus, während Barrieren gegen Ausbruch vom Willen des Erwachsenen gesetzt werden.]

aus, so wird das Kind, wenn es die geringste Lücke in der Barriere gewahr wird, durch sie der Strafe entschlüpfen.

Die primitivste Art solcher Barrieren sind die *physikalisch-körperlichen*. Der Erwachsene schließt das Kind ein, bis es die Aufgabe erledigt hat.[1] In der Regel ist die Barriere jedoch *soziologischer*[2] Natur. Es sind die *Machtmittel*, die der Erwachsene kraft seiner sozialen Stellung und der inneren Beziehung zwischen ihm und dem Kinde besitzt, welche die das Kind rings umgebende Barriere ausmachen. Eine solche soziale Barriere ist nicht etwa minder *real* als eine physikalische.

Auch die auf sozialen Faktoren beruhenden Barrieren können die Bewegungsfreiheit des Kindes auf einen räumlich engen Bezirk beschränken. Das Kind wird z.B. nicht eingeschlossen, es wird ihm aber *verboten*, aus der Stube zu gehen, bis es die Aufgabe erledigt hat.[3] In anderen Fällen wird die äußere Bewegungsfreiheit

Barriere als Einschränkung der Bewegungsfreiheit des Kindes, um die Alternative: Aufgabenerfüllung oder Strafe unausweichlich zu machen.

---

1 [Fußnote von **Lewin:**] Auch dass dem Kinde bestimmte enge Fristen für die Erledigung der Aufgabe gestellt werden (vgl. unten ◨ S. 36ff) ist hier zu erwähnen. In der Abbildung der Situation hat man sich allerdings, aus hier nicht näher zu erörternden Gründen (vgl. [Kurt] *Lewin*, a.a.O. [S. 18, Fn. 1]), auf die psychologische *Gegenwart* zu beschränken. Der Geschehensablauf stellt sich also als eine *Folge* von Situationen dar. Die zeitliche Beschränkung wäre daher in der Einzelabbildung nur soweit wiederzugeben, als die Frist in der *gegenwärtigen* Situation als Beschränkung der Bewegungsfreiheit empfunden wird.

2 [Fußnote von **Lewin:**] Das entspricht der Tatsache, dass für die Gebilde und die Ereignisse, die das psychologische Feld konstituieren, ganz allgemein weniger die physikalischen als die sozialen Fakten bestimmend zu sein pflegen.

3 [Fußnote von **Lewin:**] Häufig werden Einengungen der Bewegungsfreiheit selbst als Strafe benutzt. Auch dann geschieht das Einsperren oft mit nicht-physikalischen, sozialen oder halb magischen Mitteln, z.B. dann, wenn das Kind in die Ecke gestellt wird oder wenn das Kind mit einem Zwirnsfaden an ein Stuhlbein angebunden wird (vgl. W[ilhelm] v. *Kügelgen*, Jugenderinnerungen eines alten Mannes, Stuttgart o.J.

praktisch nicht oder nur wenig eingeschränkt, aber der Erwachsene hält das Kind in dauernder *Überwachung*. Er »lässt es nicht aus den Augen«. Häufig macht sich der Erwachsene, der das Kind ja in der Regel nicht dauernd verfolgen kann, dabei das magische Weltbild des Kleinkindes zunutze: dem Schutzmann oder »schwarzen Mann« wird die Fähigkeit der dauernden Kontrolle des Kindes zugeschrieben. Zu ähnlichem Zweck benutzt der Erwachsene nicht selten den lieben Gott, »der das Kind überall sehen kann« (z. B. auch beim heimlichen Naschen), vor dem es also kein Entrinnen gibt. Nicht selten sind die Barrieren durch das Leben in einem bestimmten sozialen Milieu, etwa durch die Gebräuche der Familie, in der man lebt, oder durch die Schulorganisation ohne weiteres mitgegeben.[1]

Die soziale (anstelle der physischen) Barriere macht die Überwachung notwendig.

Soll die soziale Barriere wirksam sein, so kommt es wiederum darauf an, dass sie *realiter* eine genügende *Festigkeit* besitzt. Ist sie an einzelnen Stellen nicht widerstandsfähig genug, weiß das Kind etwa, dass die Strafdrohung nur eine *verbale Drohung* war, oder kann das Kind sich darauf verlassen, dass es dem Erwachsenen die Strafe wieder abschmeicheln wird, auch wenn es die Aufgabe nicht löst, so wird das Kind auf Grund der Möglichkeit, die Barriere an diesen weichen Stellen zu durchbrechen, die Aufgabe in der Tat nicht ausführen. Ein ganz ähnlicher Fall einer schwachen Stelle in der sozialen Barriere ist dann gegeben, wenn etwa die Mutter einem Kinderfräulein, der Lehrer einem älteren Schüler den Auftrag gibt, über der Durchführung der Aufgabe zu

[Berlin 1870, S. 34]). [Wilhelm von *Kügelgen*, 1802-1867, war Maler. Seine erst posthum erschienenen »Jugenderinnerungen« waren lange Zeit ausgesprochen populär.]
1 Dieser inhaltlich bedeutsame Absatz ist im Original in Petit gesetzt.

wachen, und wenn zwar der erste Erwachsene, nicht aber dieser zweite der Tendenz des Kindes, aus dem Felde zu gehen, einen genügenden Widerstand zu leisten vermag.

Neben den physikalischen und sozialen Barrieren ist schließlich noch eine dritte Form zu nennen, die zwar auch mit sozialen Fakten zusammenhängt, aber doch wesentlich anderer Natur ist als die zuletzt erwähnte. Man wendet sich etwa an das »Ehrgefühl« des Kindes (»Du bist doch kein Straßenjunge!«, »Du bist doch kein böses Kind!«) oder an eine Gruppenmoral (»Du bist doch ein Mädchen!«, »ein Junge!«). Man wendet sich allgemein an eine bestimmte *Ideologie* des Kindes, bezieht sich auf Ziele und Wertungen, die das Kind selbst anerkennt. Ein solcher Appell an die Ideologie enthält eine Drohung: die Gefahr des Ausschlusses aus der Gruppe wird gezeigt. Diese Ideologie bedeutet zugleich – und das ist hier wesentlich – auch eine Außenbarriere; sie bestimmt eine Grenze der Bewegungsfreiheit für die Individuen, die die Ideologie anerkennen. Sehr viele Strafandrohungen wirken nur, so lange sich das Individuum an diese Grenze gebunden fühlt. Wird die Ideologie, z. B. »die Grenze der Moral dieser Gruppe«, von ihm nicht mehr anerkannt, so werden nicht selten Strafandrohungen dadurch unwirksam: das Individuum lässt sich durch diese Grenzen in seiner Bewegungsfreiheit nicht mehr »einengen«.

Ideologie = Gruppenmoral als Barriere.

Wie stark die Barriere im einzelnen Falle sein muss, hängt von der Natur des Kindes und der Stärke des negativen Aufforderungscharakters von Aufgabe und Strafe ab. Die *Barriere muss um so fester sein, je größer dieser negativer Aufforderungscharakter ist.* Denn um so stärker ist auch die Resultante der Kräfte in seitlicher Richtung. Je größer der Druck ist, den der Erwachsene auf das

Abbildung **11**: lässige Barriere

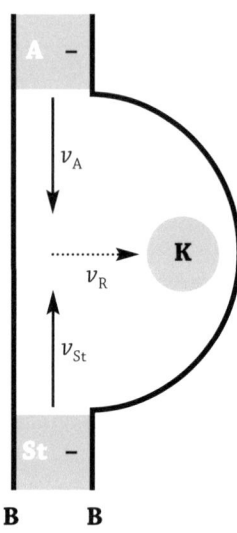

Legende:
– negative Valenz
A Aufgabe
B Barriere (gegen Ausbruch)
K Kind
St Strafe
v_A Vektor (der Aufgabe)
v_R Vektor (als Resultante)
v_St Vektor (der Strafe)

Kind ausüben muss, um es zu dem gewünschten Verhalten zu bringen, eine umso lückenlosere und festere Barriere muss er also überdies aufrichten.

4. Der Zwangscharakter der Situation
Die Barriere, die die Strafsituation umgibt, bedeutet nicht nur einen Abschluss gegen die Umwelt, sondern zugleich eine mehr oder minder große *Beschränkung der Bewegungsfreiheit* des Kindes. Diese Beschränkung der Bewegungsfreiheit bezieht sich nicht etwa nur darauf, dass das Kind die betreffende Aufgabe tun muss, sondern ist immer – wenn auch in verschiedenen Fällen in verschiedenem Ausmaße – zugleich eine *allgemeine* Beschränkung der Bewegungsfreiheit.
Am klarsten wird das in den Fällen, wo das Kind in ein Zimmer eingeschlossen wird. Aber auch in den Fällen, wo scheinbar nur das Ausführen einer bestimmten Handlung verlangt wird, und man dem Kinde im übrigen Bewegungsfreiheit lässt, wird die tatsächliche Barriere immer zugleich eine allgemeine Beschränkung der Bewegungsfreiheit setzen müssen. Würde man das nicht tun, sondern den Spielraum (das heißt also topologisch: den Innenraum der Barriere) beliebig groß machen (Abb. **11**), würde also das Kind die Möglichkeit haben, beliebig lange andere Beschäftigungen vor Erledigung der Aufgabe zu tun, so würde das Kind in der Tat von dieser Möglichkeit Gebrauch machen. Es würde also »*innerhalb*« des Feldes in Bezug auf Lohn und Strafe »*aus dem Felde gehen*« können. (Anders ausgedrückt: die Barriere würde psychologisch ganz fern rücken und damit irreal werden.)
Ob die Bewegungsfreiheit, die die physikalische oder soziale Barriere dem Kinde lässt, größer oder kleiner ist, ist pädagogisch

36

und psychologisch gewiss recht wichtig; aber man wird zunächst betonen müssen, dass die *Strafandrohung immer den Aufbau einer Zwangssituation* notwendig macht. Der Zwangscharakter dieser Situation tritt umso stärker hervor, je stärker der Druck ist, den der Erwachsene ausüben muss, um das Kind zur Ausführung der Aufgabe zu bewegen. Das liegt nicht nur daran, dass die Barriere in diesen Fällen besonders fest und lückenlos sein muss, sondern auch daran, dass der Erwachsene dann die Tendenz hat, die Ausdehnung der Barriere zu verringern,[1] um schwache Stellen zu vermeiden, und also den Spielraum, den er dem Kinde lässt, möglichst klein zu machen. Je schärfer die angedrohten Strafen sind, umso größer pflegen auch die *allgemeinen* Beschränkungen des kindlichen Lebens und umso stärker pflegt die Tendenz zu sein, auf die primitiven *physikalischen* Barrieren zurückzugreifen. Je mehr ein kindliches Milieu auf der Androhung von Strafen basiert, und je härter diese Strafen sind, umso mehr bekommt daher dieses *Milieu als Ganzes* den durch Gitter, zugeschlossene Zimmer und Daueraufsicht gekennzeichneten Zwangscharakter des Gefängnisses und der Zwangserziehung.

Die Barriere, die die Strafsituation umschließt, braucht *nicht jeweils für den besonderen Fall errichtet* zu sein. Der *Lebensspielraum* des Kindes ist ja – der begrenzten Macht des Kindes entspre-

Der Aufbau einer Zwangssituation ist bei Strafandrohung unausweichliche Konsequenz.

---

1 »Ausdehnung ... verringern« scheint mir missverständlich zu sein; die folgenden Worte bedeuten, dass die Ausdehnung des von der Barriere umschlossenen Raumes verringert wird, um eine Überdehnung und damit die Schwächung zu unterbinden, sodass die Barriere beengender wirkt. Ein einfaches (jedoch nicht ganz realistisches) Beispiel wäre, dass das Verbot, das Viertel zu verlassen, schwerer zu überwachen ist als das Verbot, aus dem Kinderzimmer zu gehen (weshalb in der Praxis das erstere eben praktisch nicht vorkommt).

chend – an sich begrenzt. Der Machtbereich des einzelnen Erwachsenen und vor allem der Organisationen der Erwachsenen, die das gesellschaftliche Leben beherrschen, ist übermächtig und pflegt den Lebensspielraum des Kindes vollkommen zu umschließen. Nur bestimmte Bezirke des kindlichen Lebens – etwa das Leben des Kindes in der heimlichen Kinderklicke, die Freundschaft und Gespräche mit einem anderen Kinde, gewisse Spielgebiete – pflegen dem Kinde Wege zu öffnen, auf denen es dem momentanen Zugriff des Erwachsenen entzogen ist. Aber selbst diese Bezirke gewähren dem Kinde immer nur für eine bestimmte Zeit Freiheit und Unangreifbarkeit. Schon die Beherrschung der physiologischen Lebensbedingungen (Nahrung, Wohnung) des Kindes durch den Erwachsenen bringt es mit sich, dass der *Bewegungsraum des Kindes* in der Regel »im« *Machtbereich des Erwachsenen* liegt.

Machtbereich.

Ob darüber hinaus eine Strafandrohung *besondere* Barrieren notwendig macht, ist eine Frage des jeweiligen Falles. Sehr häufig macht selbst eine leichtere Strafandrohung eine solche Steigerung der Beschränkung notwendig. Oft bekommen die Verhaltensweisen der Erwachsenen, der häusliche Zustand und der häusliche Lebensstil, die zunächst nicht als Beschränkungen empfunden werden, erst durch die Strafandrohung *für das Kind* den Charakter einer seine Bewegungsfreiheit begrenzenden »Barriere«.

5. Barrierelose Strafsituationen

In gewissen Fällen scheint trotz Strafandrohung eine besondere Barriere nicht aufweisbar. Das Kind steht vor einer unangenehmen Aufgabe, also einer Aufgabe mit ausgesprochenen negativem

Aufforderungscharakter. Aber es erledigt sie, ohne dass eine besondere Barriere sichtbar ist, die das Aus-dem-Felde-Gehen hindert, ja, so scheint es fast, ohne Strafandrohung. Die Weisung des Erwachsenen, die Aufgabe auszuführen, scheint zu genügen, um das Kind zu einer gehorsamen Durchführung der unangenehmen Aufgabe zu veranlassen.

Wir haben hier zunächst nicht *die* Fälle im Auge, wo das Kind »aus Liebe« zu dem Erwachsenen die Handlung ausführt (diese Situation wäre allenfalls beim Problem der Belohnung zu erörtern); sondern Fälle, bei denen hinter der Weisung eine *unausgesprochene Strafandrohung* steht. Gerade in einem Milieu, in dem das Kind dem Erwachsenen fremd und feindlich gegenüber steht, sieht das Verhalten des Kindes nicht selten fast so aus, als ob es auf Grund der Weisung des Erwachsenen »freiwillig« die unangenehme Aufgabe übernimmt, ohne dass das Errichten besonders enger Strafbarrieren[1] notwendig wäre. Nicht selten wird gerade in einem solchen Milieu mit Stolz darauf hingewiesen, dass man dem Kinde keine »engen Grenzen« setzt, sondern ihm viel »Freiheit« lässt. Eine Darstellung der Situation, die ich hier im Auge habe, durch

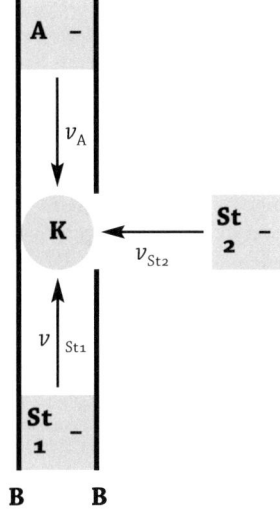

---

[1] Ein überraschender Begriff, da zuvor Strafe und Barriere zwei verschiedene, sich ergänzende (nicht identische) Maßnahmen sind, um eine Aufgabendurchführung bei negativem Aufforderungscharakter zu erzwingen. »Strafbarriere« würde m. E. Sinn machen in folgendem Zusammenhang: Die Barriere, etwa die Weisung, das Zimmer nicht zu verlassen, wird ihrerseits mit einer Strafandrohung abgesichert: »Wenn du die Hausaufgaben nicht machst, gibt es X als Strafe. X+1, wenn du das Zimmer vorher verlässt.« Jedenfalls wäre zu unterscheiden (um beim Einschluss in ein Zimmer zu bleiben), ob das Zimmer abgeschlossen ist, das Kind also physisch das Zimmer nicht verlassen kann (vorausgesetzt, es besteht keine Möglichkeit, durchs Fenster zu entkommen) wie Abb. 10 ◧ S. 32 zeigt, oder ein Verlassen des Zimmers mit Strafe bedroht wird, wie ich es in Abb. **11a** im Sinne *Lewins* darstelle.

Legende:
– negative Valenz
A Aufgabe
B Barriere (gegen Ausbruch)
K Kind
St₁ Strafe (gegen Verweigerung)
St₂ Strafbarriere
v_A Vektor (der Aufgabe)
v_{St_1} Vektor (der Strafe 1)
v_{St_2} Vektor (der Strafe 2)
n. b.: Diese Grafik findet sich bei *Lewin* nicht.

die in Abb. **10** [⊡ S. 32] wiedergegebene Topologie wäre in der Tat nicht ganz zutreffend. Die Umgrenzung des Feldes durch eine Barriere bringt topologisch nicht nur zum Ausdruck, dass das psychische Feld *rings umschlossen* ist, sondern es wird damit zugleich ein besonderer Bezirk (die »Barriere«) als *Grenzzone* von jenem Bezirk *unterschieden*, der von der Barriere eingeschlossen ist (»Innenbezirk«). Dieser *Innenbezirk* freier Beweglichkeit des Kindes kann, wie wir besprochen haben [⊡ S. 36f], größer oder kleiner sein. Die Freiheit in diesem Bezirk ist gewiss nicht der Freiheit in einem Bezirk ohne Außenbarriere gleich zu stellen; sondern der Charakter und die dynamischen Eigentümlichkeiten dieses Gesamtfeldes werden, wie wir sogleich noch ausführlicher erörtern werden [⊡ S. 43ff], durch die Tatsache der Barriere qualitativ wesentlich verändert. Aber bei den bisher besprochenen Strafsituationen war jedenfalls ein gewisser *relativ* freier Spielraum, ein Innenbezirk, von der als solcher spürbaren Barriere zu unterscheiden. Selbst wenn das Kind in einem Zimmer eingeschlossen wird, so kann das Kind, wenn es sich in Opposition befindet und innerlich noch nicht »gebrochen« ist, im Zimmer zunächst tun, was es will.

In der eben gekennzeichneten Situation aber fehlt eine solche besondere Barriere und ein solcher Innenbezirk in der Tat. Die Macht des Erwachsenen und seine Strafandrohungen haben den ganzen *Lebensraum* des Kindes so *durchsetzt*, dass Bezirke, in denen das Kind sich selbständig frei bewegen kann, so gut wie aufgehoben sind. Es ist nicht nötig, durch eine Außenbarriere das Aus-dem-Felde-Gehen des Kindes zu verhindern, weil die Funktion dieser Barriere sich über das *ganze Feld* ausgebreitet hat: das Kind befindet sich in einem Felde, das in jedem *Punkte* von der

Drei Quellen von Barrieren:
1. Physisch, körperlich, materiell
2. Sozial
3. Psychisch

Fünf Typen:
1. Schwierigkeitsbarrieren
2. Außen- / Einschlussbarrieren
3. Strafbarrieren
4. Aufsichtsbarrieren
5. Moralbarrieren
(magisch, ideologisch, imaginär)
Die Typen **2** bis **5** richten sich gegen die Umgehungs-, Ausweich- und Fluchttendenz; der Typ **1** verstellt oder behindert die Ausführung einer Handlung.

Vier Qualitäten:
1. Festigkeit
2. Form
3. Ausrichtung
4. Umschließungsgrad oder Lückenlosigkeit

❧

Aufhebung des relativ freien Spielraumes.

Macht des Erwachsenen vollkommen beherrscht ist (Abb. **12**).¹
Ein solcher Zustand ist natürlich nicht vollkommen zu erreichen.
Dem Kinde muss, wenn es überhaupt leben soll, eine gewisse
minimale Selbständigkeit der Bewegung möglich bleiben. Der
Zustand, den wir hier im Auge haben, entspricht nun nicht einfach
einer Situation, in der der freie Spielraum zwischen der Außenbarriere möglichst *klein* gemacht wird. Man kann ihn auch nicht
ohne weiteres durch eine solche Verkleinerung hervorrufen. Er
liegt vielmehr dann vor, wenn der Erwachsene, sei es durch besonders harte Strafen, sei es durch bestimmte Ideologien, das
Kind so in die Hand bekommen hat, dass es »nicht zu mucksen«
wagt, sondern auch unangenehme Aufgaben anstandslos durchführt, weil es *in jedem Punkte seines Lebensraums* von den Wünschen des Erwachsenen tatsächlich *innerlich beherrscht* wird. Diese
Abhängigkeit geht so weit, dass eine besondere Strafandrohung
unnötig wird. In den extremen Fällen ist es kaum noch nötig, dass
der Erwachsene seinen Willen auch nur ausspricht.
Wie weit eine derartige Durchdringung des Gesamtfeldes durch
Strafmaßnahmen möglich ist, hängt naturgemäß nicht nur vom
Milieu, sondern sehr wesentlich auch von der Natur [sic] des einzelnen Kindes ab.² Aber auch in den Fällen, wo keine extreme Be-

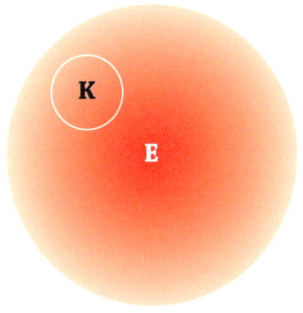

1 [Fußnote von **Lewin:**] Das dem Machtbereich des Erwachsenen (E) dynamisch
entsprechende psychologische *Feld* veranschaulichen wir in dieser und in späteren
Abbildungen schematisch durch konzentrische Kreise [die *Lewin*'schen Originale
finden sich am Ende des Bandes auf ◨ S. 109ff; in meiner Darstellung ist das Feld
durch ein rotes Raster veranschaulicht]. In Wirklichkeit durchdringt das Kraftfeld
den Lebensraum des Kindes natürlich keineswegs in so homogener Weise, sondern
liegt an verschiedenen Stellen des Feldes sehr verschieden dicht. Für unsere gegenwärtigen Überlegungen brauchen wir hierauf jedoch keine Rücksicht zu nehmen.
2 Ein außermenschliches Beispiel mag das von *Lewin* m. E. Gemeinte veranschau-

Legende:
E Erwachsener
Der Verlauf deutet die Feldwirkung seiner Macht an.
Damit ist auch *Lewins* Hinweis
visualisiert, das Kraftfeld
des Erwachsenen sei
»keineswegs homogen«.
K Kind

schränkung der Bewegungsfreiheit des Kindes vorliegt, ist es wichtig, im Auge zu behalten, ob die Struktur der Situation des Gesamtfeldes bei einer Strafandrohung mehr der in Abb. **9** oder der in Abb. **12** [⊟ S. 30 bzw. S. 41] dargestellten Topologie entspricht.[1] Die Beachtung auch des letzteren Falles ist um so wichtiger, als gerade die *schwersten Fälle von Zwangssituationen* durchaus diesen Charakter tragen können. Es kommt hinzu, dass hier das *innere* Beherrschtwerden des Kindes eine entscheidende Rolle spielt, und dass daher der durch den Erwachsenen ausgeübte Zwang häufig schwer zu *erkennen* ist. Tritt er doch nach außen hin um so weniger in Erscheinung, je stärker er ist. Auch in den Fällen, die dynamisch durchaus als erzwungene Handlungen zu bewerten sind, scheint bei oberflächlicher – ja bisweilen auch bei ziemlich genauer – Betrachtung fast jene Freiwilligkeit vorzuliegen, die für jene dynamisch entgegengesetzten Situationen charakteristisch ist, in denen das Kind aus Interesse am Gegenstand in einer wirklich barrierelosen Situation seinen Bedürfnissen frei folgt.

Schließlich[2] wird die Beurteilung der eben gekennzeichneten

Schwere Fälle von Zwangssituationen können oberflächlich betrachtet als nahezu barrierefrei erscheinen.

---

lichen: Eine Katze wird nur so lange sich an ein Verbot halten, z. B. eine Speise anzurühren, wie die Strafandrohung mit unmittelbarer Aufsicht gekoppelt ist; fällt die Aufsicht weg, muss eine Barriere errichtet werden (Einsperren der Katze in einem von der Speise getrennten Zimmer [Außenbarriere] oder Wegschließen der Speise [Schwierigkeitsbarriere]). Ein Hund ist von anderer Natur und lässt sich dressieren, sodass er ein Verbot auch befolgt, wenn die unmittelbare Aufsicht wegfällt.

1 [Fußnote von **Lewin:**] Natürlich gibt es Übergänge und Mischformen zwischen beiden Fällen. Man kann Abb. 12 auffassen als eine Ausbreitung der Barriere über das Gesamtfeld. Diese Vorstellung ist möglich, da der Begriff der Barriere eine durchaus funktionelle Bedeutung besitzt.

2 Dieser Absatz ist im Original in Petit gesetzt.

Situation dadurch erschwert, dass es auch Fälle gibt, in denen die vollkommene Durchdringung des Lebensraumes des Kindes und die Umwandlung der Gesamtsituation in eine Zwangssituation dadurch zu Stande kommt, dass der Erwachsene das Kind übermäßig »liebt« und behütet und auf diesem Wege das Kind in ein übermächtiges Kraftfeld setzt.

Wir wollen im folgenden auf die zuletzt besprochene Situation, in der die Errichtung besonderer Außenbarrieren bei der Strafandrohung unnötig wird, nicht weiter eingehen und greifen nun wiederum auf die typische Strafsituation zurück. Auch sie hat, wie erwähnt, zumal wenn der Innenraum ziemlich eng ist, den Charakter einer Zwangssituation. Dass die Gesamtsituation schon durch eine solche Außenbarriere einen Zwangscharakter bekommt, tritt besonders hervor, wenn man diese Situation mit jener Gesamtsituation *vergleicht*, bei der nicht die Strafandrohung, sondern das *Interesse an der Aufgabe* für das Kind maßgebend ist. In diesen Fällen (vgl. Abb. 1-3 [⌖ S. 21f]) ist es unnötig, eine Außenbarriere zu schaffen, da ja der positive Aufforderungscharakter das Kind von selbst immer wieder zur Aufgabe hinführt. Es ist also nicht nötig, die Bewegungsfreiheit des Kindes in irgendeiner Hinsicht zu beschränken. Die Gesamtsituation kann im Gegensatz zur Strafsituation frei und ungezwungen bleiben.

Läge Interesse an der Sache vor, bedürfte es keiner Außenbarriere.

6. Die Spannungslage

Die Situation der Strafandrohung war ihrer allgemeinen Topologie nach gekennzeichnet durch das Gegeneinander zweier negativer Aufforderungscharaktere (der Aufgabe einerseits, der Strafe andererseits) und durch die Außenbarriere, die das seitliche

Abbildung **13**   **II. Gebot mit Strafandrohung**

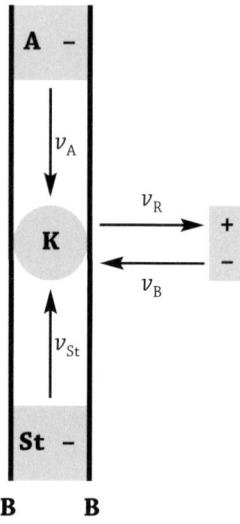

Legende:
+ positive Valenz
− negative Valenz
A Aufgabe
B Barriere (gegen Ausbruch)
K Kind
St Strafe
v_A Vektor (der Aufgabe)
v_B Vektor (der Barriere)
v_R Vektor (als Resultante)
v_{St} Vektor (der Strafe)

Ausbrechen verhindert. Für die allgemeine Charakterisierung der Situation ist es noch notwendig, die Spannungslage im Felde zu bestimmen.

Wir hatten bereits oben gesehen [⊟ S. 29ff], dass eine Konfliktsituation vorliegt: Auf das Kind wirken infolge der beiden negativen, entgegengesetzt gelagerten Aufforderungscharaktere die beiden entgegengesetzten Vektoren v_A und v_{St} ein (Abb. **10** [⊟ S. 32]). Diese Vektoren haben nicht die Stellung zweier isolierter Kräfte in einem sonst unbeeinflussten Gesamtfeld, sondern führen zu einer *Erhöhung der Spannungslage* der Gesamtsituation.

Das heißt, das Kind hat es nicht nur bei der Bewertung in Richtung auf die Strafe oder auf die Aufgabe hin mit starken Vektoren zu tun, sondern es bestehen auch für Bewegungen in jeder anderen Richtung annähernd gleich starke einander entgegengesetzte Feldkräfte. Das Kind ist an *jeder Stelle* des Feldes einem erhöhten *allgemeinen Druck* ausgesetzt.

Dass das Gegeneinander der beiden negativen Aufforderungscharaktere in dieser Strafsituation zu einer erhöhten *Gesamtspannung* im Felde führen muss, lässt sich relativ leicht ableiten.[1] Wir haben bereits erörtert, dass die Vektoren v_A und v_{St} eine starke seitlich gerichtete Resultante (v_R) in der Richtung auf die Außenbarriere ergeben (Abb. **9** [⊟ S. 30]). Anders ausgedrückt: Die Konfliktsituation führt zur Tendenz, aus dem Felde zu gehen. Versucht das Kind nun, sich in der Richtung dieser Resultante zu

---

1 [Fußnote von **Lewin:**] Die folgende Erörterung über die Beziehung gewisser Feldkräfte und der Spannungslage im Gesamtfeld, die wir an dem Beispiel der Strafsituation durchführen, hat psychologisch eine allgemeine Bedeutung für eine ganze Gruppe analoger Situationen. [Eine maximal schwammige Aussage ohne Hinweis darauf, welche »analogen« Situationen gemeint sein könnten.]

44

bewegen, so stößt es auf die Außenbarriere. Es wird dann die Außenbarriere entweder durchbrechen (darüber später [⊟ S. 54 bis S. 76]); in diesem Fall wird die Topologie der Gesamtsituation verändert, die Strafandrohung unwirksam. Oder aber die Barriere hält stand. Dann bekommt die *Barriere selbst* einen *negativen Aufforderungscharakter*, weil das Kind sich beim Anrennen gegen sie (eventuell körperlich) »weh getan« hat, weil es seine eigene Ohnmacht erlebt hat und aus ähnlichen Gründen mehr. Die nicht-physikalischen Barrieren bestehen überdies vielfach wiederum aus Verboten und wirken also als Barriere von vorn herein im wesentlichen durch ihren negativen Aufforderungscharakter.

Jedenfalls also geht, sofern die Strafsituation aufrecht erhalten wird, von der Barriere ein Vektor (v_B) (Abb. **13**) aus, der der Resultante (v_R) entgegengesetzt gerichtet ist. Auch in Bezug auf eine Bewegung in der Richtung der Resultante (v_R) befindet sich das Kind also in einer Konfliktsituation: Auch auf dieser Linie bestehen zwei entgegengesetzte Feldkräfte.

Dynamisch ganz Entsprechendes ergibt sich natürlich, wenn das Kind sich nun gegen einen anderen Punkt der Barriere zu wenden versucht. An jeder Stelle des Feldes bestehen für das Kind auf jeder Linie entgegengesetzt gerichtete Feldkräfte (Abb.**14**),[1] das heißt also, *es besteht ein Spannungszustand[2] im Felde.*

Die Stärke der Spannungslage im Felde hängt offensichtlich von der Stärke des negativen Aufforderungscharakters der Strafe, der

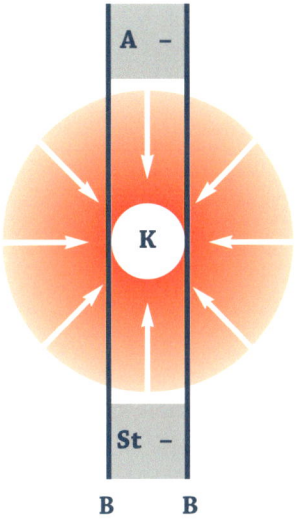

1 [Fußnote von **Lewin:**] Die Schraff[ier]ung [das Raster] soll die Spannungslage veranschaulichen.

2 [Fußnote von **Lewin:**] Eine Spannung ist dynamisch als ein Inbegriff entgegengesetzt gerichteter Vektoren definiert. [Sie müssen dabei allerdings nicht gegen einander stehen, sie können auch voneinander weg weisen; vgl. Abb. 7 (⊟ S. 28).]

Legende:
– negative Valenz
A Aufgabe
B Barriere (gegen Ausbruch)
K Kind
St Strafe

Abbildung **15**

II. Gebot mit Strafandrohung

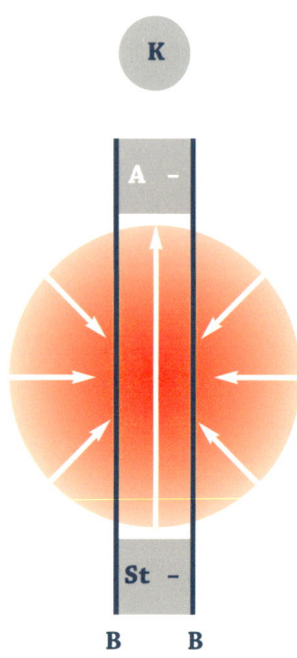

Legende:
- – negative Valenz
- **A** Aufgabe
- **B** Barriere (gegen Ausbruch)
- **K** Kind (frei nach Gehorsam)
- **St** Strafe

Aufgabe und der Barriere ab. Die Stärke des negativen Aufforderungscharakters der Barriere ist wesentlich mitbedingt durch die Erfahrungen, die das Kind in diesen oder in früheren Fällen beim Zusammenstoß mit der Barriere gemacht hat. Er ist zum Beispiel sehr stark, wenn das Kind früher einmal sehr heftig für den Versuch, aus dem Felde zu gehen, bestraft worden ist. In seiner *akuten* Auswirkung für den gegebenen Fall bleibt die Stärke des negativen Aufforderungscharakters der Barriere jedoch wesentlich abhängig von der Stärke des negativen Aufforderungscharakters der Aufgabe und der Strafe. Das für die Wirksamkeit der Strafandrohung notwendige Minimum an Strafandrohung ist aber letzten Endes abhängig von der Stärke des negativen Aufforderungscharakters der *Aufgabe*.

7. Der Geschehensverlauf in der Strafsituation

Wir haben im vorherigen Kapitel die allgemeinen Eigenheiten der Topologie und die Feldkräfte besprochen, die in einer Situation bestehen, bei der das Kind durch Strafandrohung zu einer bestimmten Aktion gezwungen werden soll. Wir wollen nunmehr kurz erörtern, welche Möglichkeiten tatsächlichen *Verhaltens* für das Kind in einer solche Situation bestehen.

a) Ausführen des Gebots

Das Kind wird durch die Strafandrohung dazu gebracht, die Aufgabe zu erledigen, bezw. das gewünschte Verhalten zu zeigen. Der von der Strafe ausgehende Vektor v_{St} hat sich also als stärker als die Gegenkräfte (v_A) erwiesen (Abb. **15**). Die Festigkeit der Außenbarriere hat ausgereicht. Das Kind tritt daher in das Feld der Aufgabe ein. Das Durchführen der Aufgabe bedeutet für das

46

Kind dann den Weg ins Freie und das Sicht-Entfernen von der Strafe.

Ist das Kind einmal ins Aufgabenfeld hineingekommen, so kann sich die Situation grundlegend ändern. Schon der Umstand, dass die Aufgabe für das Kind jetzt nicht mehr etwas ist, was ihm »gegenüber« steht, sondern ein Feld, »in« dem es sich befindet, kann diesen Umschwung herbeiführen. Bisweilen ist dann die Sache garnicht so schlimm, wie sie ausgesehen hat. Ein kleines Kind hat etwa eine neue Speise nicht essen wollen und merkt nun nach dem ersten Bissen, dass sie garnicht so schlecht schmeckt.

Wenn man das Kind in das zunächst unangenehm aussehende Feld gerade durch eine *Strafandrohung* hineinführt, so ist dieser Umstand allerdings nicht günstig für ein derartiges Umschlagen zur Annehmlichkeit, sondern kann darauf hinwirken, dass die Aufgabe auch später unangenehm bleibt. Sehr häufig handelt es sich überdies um Aufgaben, deren tatsächliche Unannehmlichkeit dem Kinde bereits bekannt ist.

Auf jeden Fall aber bedeutet das In-der-Aufgabe-Stehen eine wesentlich andere Situation als die der Strafandrohung.[1]

b) Annahme der Strafe

Dem eben skizzierten Falle in gewissem Sinne entgegengesetzt ist der Fall, dass der von der *Aufgabe ausgehende Vektor stärker* ist als der negative Aufforderungscharakter der Strafe (Abb. **16**). Ist in diesem Falle die Außenbarriere hinreichend stark, so *nimmt*

---

1 [Fußnote von **Lewin:**] Es war im Kriege deutlich zu beobachten, dass das Wieder-in-Stellung-Gehen eine sehr viel unangenehmere Belastung darstellte als das In-Stellung-Sein.

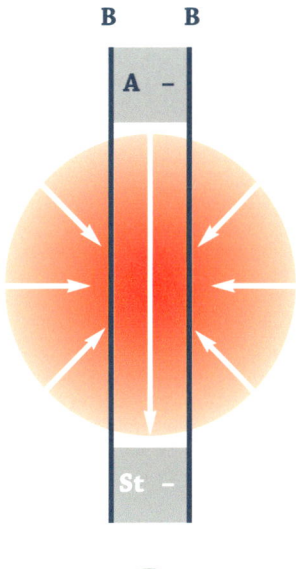

Legende:
– negative Valenz
A Aufgabe
B Barriere (gegen Ausbruch)
K Kind (frei nach Strafe)
St Strafe

das Kind die Strafe auf sich. Es begibt sich ins Feld der Strafe, weil die Strafe ein Weg ins Freie ist, ähnlich wie es sich im vorigen Falle ins Feld der Aufgabe begeben hat.

Ein Beispiel für das Aufsichnehmen einer Strafe: Der Vater sagt zu seinem dreijährigen Jungen: »Wenn du nicht aufräumst, kriegst du Schläge.« Der Junge geht zu seinem Vater, dreht ihm den Rücken zur Entgegennahme der Schläge zu und sagt: »Bitte!« Es war deutlich, dass das Kind die Rede des Vaters so ausgelegt hatte, dass es sich zwei Möglichkeiten (Aufräumen oder Schläge) gegenübersah und dass es sich für die Schläge entschied. Es ist zu bemerken, dass der Junge noch nie Schläge bekommen hat. Es war aber einige Zeit vorher eine Rute angeschafft worden, die als Drohung benutzt wurde. (Das pädagogische Milieu in diesem Hause ist als frei und lebendig zu bezeichnen, das Anschaffen der Rute mehr eine isolierte Aktion.) Es ist möglich, dass, nachdem in der letzten Zeit (es war Weihnachten) viel von der Rute (auch des Weihnachtsmannes) die Rede gewesen war, die Neugierde eine gewisse Rolle bei der Entscheidung des Kindes gespielt hat.[1] Wiederum kippt die Situation für das Kind mit diesem Hineingehen in die Strafe um. Es merkt bisweilen, dass das Aushalten der Strafe »im Grund garnicht so schlimm ist«, wie die Strafe in der infamierenden[2] Bedeutung, die ihr die Ideologie des Erwachsenen zu geben pflegt, erschienen ist.

Beispiel für einen Versuch, durch In-Kauf-Nehmen der Strafe die Erledigung der Aufgabe zu umgehen.

---

[1] Dieser Absatz ist im Original in Petit gesetzt.

[2] infamieren: jmdn. ehrlos machen. – In diesem Zusammenhang scheint mir das Wort nicht ganz passend zu sein. Bei der Strafandrohung geht es darum, dass der angedrohte Schmerz zu einem bestimmten Verhalten führt, um ihn zu vermeiden. Die Ehre abzuschneiden, mag eine mögliche Strafe sein, aber nicht der Normalfall. In dem Beispiel des Jungen geht es um Schläge, also körperlichen, nicht seelischen

Ein Mädchen von zehn Jahren wird von der Erzieherin, mit der es sonst gut steht, zur Strafe für übermäßiges Toben in eine kleine, vollkommen dunkle Kammer eingesperrt. Das Kind setzt sich auf den Staubsauger, trommelt heftig mit den Füßen und singt dazu. Als die Erzieherin das Kind herauslässt, ist es zu ihrer Überraschung vergnügt und antwortet auf die Anrede mit einem Scherz ohne wesentliche Verlegenheit. Es war dem Kinde wirklich geglückt, die Strafe ins Spaßige abzubiegen. Die tatsächliche Unannehmlichkeit war nicht mehr groß, nachdem das Kind sich entschlossen hatte, die Strafe nicht »moralisch« zu nehmen (siehe unten [⊟ S. 50f]).[1]

Ein Beispiel für Bagatellisierung der Strafe.

Die Erfahrungen, die das Kind bei der Durchführung der Strafe macht, führen das Kind also zu gewissen Kenntnissen über den *tatsächlichen Unannehmlichkeitsgrad* der verschiedenen Strafen.

Schmerz. In dem folgenden Beispiel des Mädchens geht es um die (vermeintlich natürlich-körperliche) Angst vor Dunkelheit. Auch die weiter unten gemachten Bemerkungen über die mit der Strafe beabsichtigte »moralische Herabsetzung, die im Empfangen der Strafe« liege, würden zu »infamieren« nur in dem Sonderfall passen, wenn die Strafe Anderen (zum Beispiel den Eltern durch die Erzieherin, oder den Spielkameraden) bekannt gemacht wird, welche dann im Gegenzug ein moralisch negatives Urteil über das störrische Kind hegen. Siehe unten, ⊟ S. 51; auch dort kennzeichnet *Lewin* die »öffentlichen Strafen« als Sonderfall. Und zweifellos gibt es ebenso den umgekehrten Fall, in welchem über eine angedrohte oder erfolgte Strafe von der die Strafe verhängten Person (Elternteil, Lehrer) Stillschweigen verlangt und »Ausplaudern« wiederum mit Strafe bedroht wird (speziell in solchen Fällen, bei denen Strafe ganz allgemein oder insbesondere die Art der verhängten Strafe von dem betreffenden sozialen Milieu als unakzeptabel oder nicht angemessen betrachtet wird).

1 Der Absatz ist im Original in Petit gesetzt. – Das Beispiel passt m. E. nur bedingt, denn es handelt sich um eine Strafe für eine bereits begangene Tat, es sei denn, es fehlt im Bericht der Beginn: Die Erzieherin sagt zu dem Mädchen, »Wenn du nicht aufhörst zu toben, dann sperre ich dich in die dunkle Kammer.«

Straftypen

1. Schmerz
   a) körperlich,
   b) seelisch.
2. Infamierung (Beschämen)
   a) vor der eigenen Moral,
   b) vor der Gruppenmoral.

Eine Kombination von 1 und 2 ist möglich.

Für 2b ist Öffentlichkeit nötig.

49

Das Kind betrachtet für seine Entscheidung gegenüber einer Strafandrohung die Strafe nicht mehr »von außen«, sondern »von innen«. Es wägt die tatsächlichen Unannehmlichkeiten der Aufgabe und der Strafe jeweils ab; das Kind wird, wie man sagt, »*abgebrüht*« gegen die Strafe und damit unempfindlicher gegen Strafandrohungen. Einen wesentlichen Schritt in dieser Richtung bedeutet es, wenn das Kind den *Realitätsgrad* der Strafe (s. u. [⊡] S. 91 ff]) und die moralische Herabsetzung, die im Empfangen der Strafe liegt, wenigstens *nachträglich* herabzusetzen versucht.

Ein[1] intelligentes, lebhaftes Mädchen von sechs Jahren, das seit einem Vierteljahr zur Schule geht, hat mit der Stuhllehne geschaukelt. Der Lehrer lässt sie [sic] dafür knien. Als das Kind nach Hause kommt, ist es *scheinbar* gar nicht traurig und sagt zur Mutter: »Ich wollte knien!« Dieses einzelne Ereignis steht sowohl auf seiten des Lehrers wie auf seiten des Kindes in einem größeren Zusammenhang. Der Lehrer glaubt, gegen das lebhafte Kind mit größerer Strenge und Disziplinforderungen vorgehen zu müssen. Das Kind, das zunächst von der Schule sehr entzückt war, beginnt, sich innerlich zurückzuziehen, und seine Stellung zur Strafe ist zugleich ein Ausdruck des beginnenden Kampfes gegen die Machtsphäre des Lehrers (s. u. [⊡] S. 55 ff]). Dass diese Wandlung der Schulatmosphäre in Wirklichkeit das Kind aufs schwerste belastet und die Gleichgültigkeit gegen die Strafe nur ganz oberflächlicher Natur ist, zeigt sich auch im Gesamtverhalten des Kindes: es beginnt, sich im Dunklen zu ängstigen, hat Angstträume und sagt nachts aus dem Schlaf: »Schau mich doch nicht immer so an, Herr Professor (Lehrer)!«

Beispiel für Trotzreaktion (von Angst begleitet).

---

[1] Dieser Absatz ist im Original in Petit gesetzt.

Noch wichtiger als die Erfahrung über die tatsächlichen Unannehmlichkeiten der Strafe ist dabei der Umstand, dass die Durchführung der Strafe in solchen Fällen zu einer *Revolutionierung der Ideologie* des Kindes zu führen pflegt, zu einer Umwertung seiner »Werte«.[1] Der Erwachsene stellt die Strafe ja immer zugleich als etwas »moralisch« Herabsetzendes dar. Diese moralische Infamierung pflegt psychologisch eine Hauptquelle des negativen Aufforderungscharakters der Strafe zu sein.

Damit hängt zusammen, dass *öffentliche* Strafen besonders gescheut werden. Dass mit der Strafe die soziale Stellung der eigenen Person beeinträchtigt wird, ist nicht nur beim Erwachsenen, sondern auch beim Kinde eine der wesentlichen Quellen der Furcht vor Strafe.

Bei[2] einem Jungen von fünf Jahren, der häufig krank war,[3] wurde der über dem Bett hängende Hampelmann, ein Mohr, mit dem Gesicht zur Wand gedreht, wenn der Junge ungezogen war. Da-

Strafe führt
zur Umwertung.

Öffentlichkeit der Strafe
als Strafverschärfung.

Ein Beispiel.

---

1 Die Formulierung von der »Umwertung der Werte«, die *Lewin* im Folgenden noch weiter ausbaut, scheint auf Friedrich *Nietzsche* zu verweisen; allerdings ist das eine unklare, jedenfalls nicht die von *Nietzsche* selber gemeinte Form. *Nietzsche* fordert eine Umwertung der Werte; *Lewin* beschreibt einen Vorgang, den er nicht bewertet. Vor allem handelt es sich bei *Nietzsche* und *Lewin* eben gar nicht um die gleichen Werte, die in Rede stehen. *Lewin* spricht nicht wie *Nietzsche* von den hehren Idealen der Menschheit, die falsch seien und darum umgewertet gehören, sondern von den Werten (oder den »Ideologien«; offenbar sind Weltanschauungen gemeint) des die Strafe androhenden Erwachsenen, welche vom Kind unter gewissen Umständen abgewertet oder völlig entwertet werden.

2 Dieser Absatz ist im Original in Petit gesetzt

3 Das Beispiel würde ohne die für das Verständnis unnötige Information *der häufig krank war* weniger Fragen aufwerfen. In welcher Relation steht das Krank- zum Ungezogen-Sein und dieses wiederum zur Strafe? Oder stellt die Krankheit für den Jungen die Barriere dar? Zu *Lewins* positiver Wertung des Ungezogenseins ⮌ S. 61.

durch wurde die Ungezogenheit für jeden offensichtlich, der in die Stube hereinkam. Diese Veröffentlichung wirkte als wesentliche Verschärfung der an sich schon peinlichen Tatsache, dass der geliebte Mohr mit dem Gesicht zur Wand hängen musste. (Übrigens hat der Junge nie versucht, den über seinem Bett hängenden Mohren von selbst wieder zurückzudrehen.)

Verliert die Strafe für das Kind die Stellung des *moralisch* Herabsetzenden, tritt die Umwertung ein, so pflegt die Stärke des negativen Aufforderungscharakters der Strafe in entscheidendem Maße abzunehmen. Denn hinter der Drohung steht dann nur noch die spezielle Unannehmlichkeit der jeweiligen Strafe, nicht mehr die Scheu vor dem ganzen Bezirk: Strafe. Das Kind »macht sich nichts mehr daraus«, gestraft zu werden. Eventuell bekommt nunmehr geradezu das, was bestraft wird, damit die Stellung des Besseren.

Dynamisch wesentlich für das Zustandekommen dieser Umwertung ist folgendes: Ist der negative Aufforderungscharakter der Aufgabe so stark, dass das Kind die Strafe vorzieht, so wird die Strafe damit etwas *relativ Positives*, sie ist das geringere Übel. Diese Relativierung ist umso schwerwiegender, als damit zugleich etwas, was dem moralisch minderwertigen Bezirk angehört, sich nunmehr als irgendwie besser erweist als etwas »moralisch Einwandfreies« (die vom Erwachsenen gewünschte Handlung). Damit ist die moralische Sonderstellung des Bezirks: Strafe in einem Punkte und damit »prinzipiell« durchbrochen.

Das Kind, das versucht hat, den Weg ins Freie durch die Strafe hindurch zu gehen, sieht sich nach dem Abbüßen der Strafe in der Regel *getäuscht*. Der Erwachsene begnügt sich nämlich meist nicht damit, die Strafe durchzuführen, sondern fordert hinterher

Legende (für Abb. 17):
- – negative Valenz
- **A** Aufgabe
- **B** Barriere (gegen Ausbruch)
- **K** Kind
- **St**$_1$ (erhaltene) Strafe
- **St**$_2$ (erneuerte, schärfere) Strafe

von neuem die Ausführung der dem Kinde verhassten Aufgabe. Zugleich pflegt er eine härtere Strafe (St$_2$) anzudrohen. Für das Kind bedeutet die Annahme der Strafe also tatsächlich *keinen* Weg ins Freie. Es befindet sich hinterher (Abb. **17**) noch in der gleichen Zwangssituation und sieht sich einem Verfahren steigender Strafen gegenüber, die es schließlich »mürbe« zu machen pflegen. Dies dürfte ein wesentlicher Grund dafür sein, dass das Annehmen der Strafe relativ selten ist.

Bisweilen allerdings ist der Weg über die Strafe wirklich ein Weg ins Freie, sei es, weil der Erwachsene sich nicht entschließen kann, zu schärferen Maßnahmen zu greifen, sei es, weil sich die betreffende Aufgabe zu einem späteren Zeitpunkt nicht mehr erfüllen lässt.

Ein Fall,[1] in dem das Kind durch das Auf-sich-Nehmen der Strafe wirklich aus der Zwangssituation herauskommt: W. v. *Kügelgen*[2] wird mit fünf Jahren in die Mädchenschule geschickt. Die Zärtlichkeiten der Mädchen sind ihm so zuwider, dass er sich am zweiten Tage der Mutter gegenüber weigert, wieder in die Schule zu gehen. »Endlich, bestürzt über so unerhörte Renitenz, führte sie ihre Kerntruppen ins Feuer und fragte mich, was ich lieber wolle, ein Produkt Ruten – wie sie sich ausdrückte – oder in die Schule gehen? und damit hatte sie das Spiel verloren. Ein Blick im Geiste auf die vielen Mädchen und ihre Zärtlichkeiten ließ mich nicht schwanken – ich wählte das ›Produkt‹. Das mochte zwar gehörig ›anziehen‹ – wie man in Dresden sagt – ja, ich erinnere

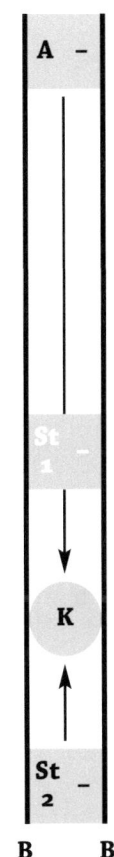

---

1 Dieser Absatz ist im Original in Petit gesetzt.
2 [Fußnote von **Lewin:**] a. a. O. [S. 33 f, Fn. 3.] [Das Zitat weiter unten findet sich in der Originalausgabe von 1870 auf S. 37.]

mich, dass es sogar über Erwarten anzog, doch aber konnte es im Vergleich zu jenem, mir so überaus widerwärtigen Mädchenzwinger nicht in Betracht kommen. Ich war nun frei, und meine Mutter stellte mir wie wieder dergleichen Alternative.«

c) Aktion gegen die Barriere

Die dritte Möglichkeit, die neben (a) der Durchführung der Aufgabe oder (b) der Annahme der Strafe für das Kind in der Strafsituation besteht, ist eine Aktion *in der Richtung der Barriere*.

In diesem Falle ist der von der Aufgabe sowohl wie der von der Strafe ausgehende Vektor gleichermaßen zu groß und das Kind wird in der Richtung der Resultante v_R bewegt. Es kommt dann entweder zu einem blinden, *unbeherrschten Anrennen* gegen die Barriere (das eingeschlossene Kind stößt mit Kopf und Beinen gegen die Wand) oder zu einem *überlegten Durchbruchversuch*. Wie das Kind im einzelnen vorgeht, ob es etwa seine Freiheit durch Schmeicheln zu erreichen versucht oder durch Trotz oder durch einen Betrug, hängt naturgemäß von der jeweiligen Art der Barriere ab.[1]

Ist die Barriere sehr fest, die Situation im Ganzen also für das Kind ausweglos, so kann es bei hinreichend starker Spannungslage des Gesamtfeldes zu *Selbstmord*tendenzen kommen, da dann der Selbstmord als die letzthin einzige Möglichkeit, aus dem Felde zu gehen, erscheint.

Aktionen gegen die Barriere: von rational bis irrational, von überlegtem Durchbruch über unbeherrschtes Anrennen bis zu Suizidgedanken.

---

[1] Nach oben Gesagtem (⊡ S. 41, Fn. 2) und der *Lewin*'schen Formel, Verhalten sei die Funktion von Person und Umfeld, ebenso von der »Natur des Kindes«. Ob es angesichts einer Aussichtslosigkeit zum Wüten an der Barriere oder zum Aus-dem-Feld-Gehen durch Suizid tendiert, hängt vom Charakter des Kindes ab, der seinerseits aus sowohl den Umfeldeinflüssen als auch der Eigenart des Kindes resultiert.

Die zehnjährige Martha[1] lebt bei den strengen Eltern in dauernder Furcht vor schlechten Schulleistungen. »Die Angst vor mangelhaften Leistungen zeigte sich besonders kurz vor Ostern – als die Frage der Versetzung auftrat. Sie wurde so stark, dass das Kind öfters nachts aus dem Schlaf aufschreckte, zum Bett der Mutter lief und bei ihr bleiben wollte, weil es sich fürchtete. Die Eltern behandeln die Martha sehr streng. Und die Mutter droht einmal: ›Wenn du nicht versetzt wirst, brauchst du nicht nach Hause zu kommen!‹ Das Kind trug sich nach dieser Äußerung mit Selbstmordgedanken.« Auch die Tendenz, seine Gesamtstellung durch Nettigkeit gegenüber den Erwachsenen zu verbessern, ist bei diesem Kinde deutlich. Es »schafft mehr im Hause, als von ihm verlangt wird, um der Mutter Freude zu machen«.[2]

Gemeinsam ist den meisten dieser Durchbruchversuche, dass sie nicht nur die Fluchttendenz offenbaren, sondern zugleich den Charakter eines mehr oder minder offenen *Kampfes* gegen den Erwachsenen haben. Diese Tatsache hängt mit einem Umstande zusammen, auf den wir gesondert eingehen [siehe d)].

Ein Beispiel für Suizidtendenz.

d) Kampf mit dem Erwachsenen

Wir haben [S. 33 ff] bereits erwähnt, dass die Außenbarriere in der Regel im wesentlichen sozialer Natur ist und auf der tatsächlichen Macht des Erwachsenen über den Lebensbereich des Kindes beruht. Wenn das Kind sich also gegen die Außenbarriere

---

1 [Fußnote von **Lewin:**] A[nni] *Dohme*, Beitrag zur Psychologie und Psychopathologie typischer Schulkonflikte auf den verschiedenen Altersstufen. Zschr. f. Kinderforsch., Bd. 36 (1930) [S. 398-479], S. 458. [Der Tempuswechsel im Zitat folgt dem Original.]

2 Dieser Absatz ist im Original in Petit gesetzt.

Abbildung **18**

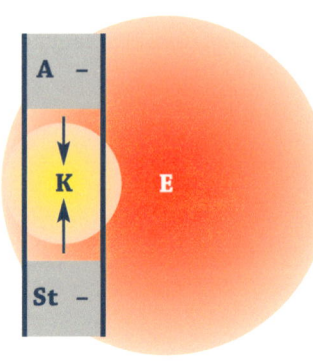

Legende:
– negative Valenz
A Aufgabe
B Barriere (gegen Ausbruch)
E Erwachsener (mit Macht)
K Kind
St Strafe
Die Verläufe kennzeichnen die
jeweiligen Machtbereiche.

richtet, so wendet es sich damit letzten Endes gegen den Willen und die *Macht des Erwachsenen*, der diese Barriere errichtet hat. Es kommt hinzu, dass ja auch die angedrohte *Strafe* und schließlich auch die *Aufgabe* in der Strafsituation vom Erwachsenen gesetzt ist. Sämtliche die Situation beherrschenden Vektoren und Barrieren gehen also letzten Endes auf den Erwachsenen zurück und werden nur durch ihn aufrecht erhalten. Würde die Macht des Erwachsenen zusammenbrechen, so würde auch die Gesamtsituation in sich zusammenbrechen: Aufgabe, Strafe und Barriere würden nicht mehr existieren. Alle die Situation bestimmenden Aufforderungscharaktere leiten sich dynamisch also daraus ab, dass es sich um ein Feld handelt, das vom Erwachsenen beherrscht wird (Abb. **18**). Das dem *Machtbereich des Kindes* entsprechende Kraftfeld ist nicht stark genug, um sich demgegenüber durchsetzen zu können. Der *Kampf* des Kindes ist ein Versuch, wenigstens in diesem Fall standzuhalten.

Wir[1] sprachen schon oben (🔲 S. 41, Abb. 12) von der Beherrschung des Gesamtfeldes durch den Erwachsenen. Es handelt sich dort um die besonders krassen Fälle von Zwangssituationen, wo die Strafandrohung scheinbar *ohne besondere Barriere* wirkt. Wir sehen jetzt, dass ganz allgemein die Strafsituation den dort geschilderten Situationen verwandt ist. Immerhin bleibt zwischen den oben genannten und hier gemeinten Fällen ein recht beträchtlicher Unterschied bestehen: Es ist möglich, dass die das Kind rings umschließende Barriere dank der tatsächlichen Macht des Erwachsenen [zwar] außerordentlich fest ist, und dass das Kind innerhalb dieses Feldes [aber] doch eine spürbare

---

1 Dieser Absatz ist im Original in Petit gesetzt.

Bewegungsfreiheit besitzt. Die Strafandrohung bezieht sich dann relativ isoliert speziell auf diese eine Aufgabe, ohne dass die Gesamtsituation in jedem Punkte den Charakter einer Zwangssituation annimmt,[1] wie in den oben geschilderten Beispielen.

Diese tatsächlichen Verhältnisse sind für das Kind vielleicht intellektuell nicht ganz durchsichtig, aber gemäß dem sehr feinen Empfinden schon des kleinen Kindes für soziale Beziehungen in seinem Lebensraum in der Regel deutlich genug spürbar. Die Strafsituation drängt daher auf eine *Kampfaktion* gegen das Zentrum, von dem dynamisch die negativen Aufforderungscharaktere und die peinliche Gesamtlage abhängen, das heißt *gegen den Erwachsenen* selbst.

Die *Strafandrohung schafft* also – das ist wiederum einer ihrer wesentlichsten Unterschiede von der Situation, in der ein Kind die Aufgabe aus Interesse an der Sache in Angriff nimmt – notwendig *eine Situation, in der sich Kind und Erwachsener als Feinde gegenüber stehen*. Die Art sowie die Richtung, in der dieser Kampf von statten geht, ist außerordentlich verschieden und hängt vom Charakter des Kindes, des Erwachsenen und den besonderen Eigentümlichkeiten der jeweiligen Situation ab. Inhaltlich kann sich der Kampf des Kindes entweder unmittelbar gegen die Aufgabe oder gegen die Strafe oder schließlich gegen die Barriere als Hinderung des Aus-dem-Felde-Gehens richten.

Beim unmittelbaren Kampf gegen die *Aufgabe* schützt das Kind etwa, wie erwähnt [⊡ S. 31], Schwierigkeiten vor, die der Erwachsene anerkennen muss: Das Heft ist nicht da, die Feder ist entzwei, man muss noch andere dringende Arbeiten fertig machen u. ä. m.

Die Strafdrohung bereitet Kampfaktionen den Boden.

---

[1] Widerspruch zu ⊡ S. 43 ff (vgl. insbesondere Abb. 14)? Aber ⊡ S. 94, Fn. 1.

Nicht selten wird der Kampf mit Mitteln geführt, die *Adler*[1] als *Arrangement* bezeichnen würde: Die Schwierigkeiten, die der Erwachsene anerkennen muss, bestehen etwa darin, dass das Kind Kopfschmerzen bekommt, eine Erscheinung, die vor einem Schuldiktat häufig zu beobachten ist.

Der Kampf kann sich auch speziell gegen die *Strafe* wenden. Ein beliebtes Mittel bei Kindern, die Schläge in der Schule zu gewärtigen haben, ist es, sich besonders *dicke Kleider* anzuziehen. Auch vor der Strafe schützt mitunter eine hilfreiche *Krankheit*. Auch das *Schmeicheln*, ein Sich-gut-Stellen mit dem Erwachsenen kann den Charakter eines solchen Kampfes haben. Die Verwendung jeder Form von Gaunerei und *Betrug* kann um so hemmungsloser geschehen, als die Situation ja für das Kind den Charakter einer »Kampfsituation« bekommen hat und weil im Kampf natürlicher Weise das Kind ohne Bedenken Mittel benutzt, die es in einer Atmosphäre, in der es sich nicht einem »Feinde« gegenüber sieht, vielleicht nicht verwenden würde.

Die Kampfsituation verleitet zu Betrug.

Ein[2] einfaches Beispiel für den Versuch, der Strafe nach der Tat durch *Betrug* auszuweichen, schildert *Schurz*.[3] Schurz hatte eine schlechte Note ins Zeugnisbuch bekommen. »Schämte ich mich meines Fehlers oder fürchtete ich Vaters Strenge – kurz, als ich Samstag nach Hause kam, suchte ich meinen Vater glauben zu machen, der Kaplan habe mein Zeugnis zu schreiben vergessen, oder etwas dergleichen. Mein unsicheres Wesen überzeugte mei-

---

1 [Fußnote von **Lewin:**] Vergl. Alfred *Adler*, Über den nervösen Charakter, München 1922.

2 Dieser Absatz ist im Original in Petit gesetzt.

3 [Fußnote von **Lewin:**] Karl *Schurz*, Lebenserinnerungen (zitiert bei [Gertrud] *Bäumer* u. [Lili] *Droescher*, »Von der Kinderseele«, Leipzig 1908, S. 236).

nen Vater sogleich, dass da etwas nicht richtig sei, und ein paar Fragen brachten mich dazu, den wahren Sachverhalt zu gestehen. Da entspann sich denn folgendes Gespräch: ›Du hast deine Pflicht versäumt und du hast mir die Wahrheit verbergen wollen. Verdienst du Schläge?‹ – ›Ja; aber bitte, lass uns in den Kuhstall gehen, wo uns niemand sehen und hören kann.‹ Diese Bitte wurde mir gewährt. In der Einsamkeit des Kuhstalls erhielt ich meine Züchtigung, die jedoch nicht schwer ausfiel, und niemand erfuhr etwas davon. Auch verzieh mir dann mein Vater und behandelte mich wie zuvor. Aber das bittere Bewusstsein der durch eigene Schuld verdienten Demütigung schleppte ich doch noch eine Weile mit mir herum als eine schwere Last, und lange wollte ich den Kuhstall, den Schauplatz meiner Schmach, nicht mehr betreten, wenn ich nicht musste.« In diesem Beispiel zeigt sich auch die oben [⬅ S. 51] besprochene ausgeprägte Tendenz, die Strafe gegenüber der Öffentlichkeit geheimzuhalten.

Schließlich kann sich der Kampf speziell gegen die Außenbarriere richten, die das Aus-dem-Felde-Gehen verhindert.

Alle *diese Kampfaktionen*, mögen sie nun speziell gegen die Aufgabe, gegen die Strafe oder gegen die Barriere gerichtet sein, zeigen einen charakteristischen *Doppelcharakter*, der durch den Aufbau der Situation und die dynamische Quelle der Feldkräfte bedingt ist: sie sind zugleich eine *Flucht* vor und ein *Kampf* gegen den Erwachsenen. In der Tat kann ja das Aus-dem-Felde-Gehen nur durch die Barriere, die Aufgabe oder die Strafe hindurch geschehen, und diese alle sind letzten Ende nichts anderes als eine Erscheinungsform des Erwachsenen selbst.

Ist das Gesamtmilieu derart, dass das Kind häufig mit Strafandrohungen zu rechnen hat, so versucht das Kind, auch außer-

Beispiel für Betrug (gleichzeitig für die Abwendung der Schmach der Öffentlichkeit).

59

halb der einzelnen Strafsituation einen Kampf gegen den Erwachsenen zu führen, um dessen Macht auf diese Weise zu erschüttern oder zu untergraben. Die Kämpfe zwischen Lehrern und Schülern, die sogenannten Disziplinschwierigkeiten, die unendlichen Varianten aktiver und passiver Obstruktion, die die Schüler gegen die auf Autorität Gewicht legenden Lehrer und Eltern zu verwenden pflegen, gehören hierher.

e) Sich-Abkapseln. Trotz

Das Aus-dem-Felde-Gehen braucht nicht durch einen Durchbruch durch die Grenze der Strafsituation zu erfolgen, sondern kann mitunter auch durch eine Art *Abkapseln* des Kindes *innerhalb* des Feldes vollzogen werden. Das Kind versucht, ohne eigentlich aus dem Felde zu gehen, sich wenigstens für eine Weile unangreifbar zu machen, oder Wände zwischen sich und der Aufgabe sowie der Strafe aufzurichten. Funktionell und inhaltlich ist eine derartige Abkapselung dem Aus-dem-Felde-Gehen weitgehend äquivalent.

Sich-Abkapseln und Trotz: zwei dynamisch ähnliche Reaktionen.

Die[1] Abkapselung wird im allgemeinen um so stärker, je spannungsvoller und auswegloser die Situation für das Kind ist. Das Kind [Martha], das sich aus Angst vor dem Sitzenbleiben mit Selbstmordgedanken trägt (vgl. ⬛ S. 55), zeigt zugleich diese Abkapselung: »Martha hat keine Freundin. Sie spielt wohl mit den Mitschülerinnen auf dem Schulweg, steht aber sonst allein. Auch unter den Nachbarskindern hat Martha keine Freundin. Sie spielt

---

[1] Dieser Absatz ist im Original in Petit gesetzt. – Die Einschränkung *im allgemeinen* ist nötig, denn gleich wird anhand der Erinnerungen von *Tolstoj* die Möglichkeit eines Affektausbruchs (anstatt Abkapselung) beschrieben, der m. E. eher zum Trotz gehört, während das Sich-Abkapseln zur Flucht in die Irrealität passt.

nur gelegentlich mit ihnen, beschäftigt sich aber mit Vorliebe mit kleineren Kindern.«

Mit dem Sich-Abkapseln nahe verwandt (bzw. ein Spezialfall der Abkapselung) ist die *Trotz*reaktion: Das Kind zieht sich in sich selbst zurück; aber die Abkapselung geschieht hier nicht in der Form, dass es dem starken Umweltdruck möglichst ausweicht, dass es jeder unangenehmen Berührung aus dem Wege zu gehen sucht, sondern dadurch, dass es sich in eine Kampfstellung dem Umweltdruck gegenüber begibt.[1] Die Trotzreaktion, wie sie zum Beispiel nach erfolgter Strafe bei Androhung einer neuen Strafe auftreten kann,[2] ist gleichzeitig ein krampfhaftes Sich-Zusammenziehen und Sich-Aufrichten in der gespannten feindlichen Situation. Sie bedeutet ein *Unempfindlichwerden* gegenüber der Drohung und zugleich einen *Kampf* gegen das Kraftfeld des Erwachsenen. Das Unempfindlichwerden beruht hier nämlich vor allem darauf, dass die durch das fremde Kraftfeld gesetzten Wertungen und Forderungen nicht mehr als verbindlich für die eigene Person anerkannt werden. Der Trotz enthält also neben der Abkapselung und dem Kampf zugleich eine gewisse *Revolutionierung* der Ideologie.

Desensibilisierung.

Häufig[3] ist bei Kindern Trotz als ein ersten Zeichen eines *Selbständigwerdens*, eines Sich-Durchsetzens gegenüber einem bis dahin übermächtigen sozialen Felde zu beobachten. Bei gedrückten, passiven Kindern besteht das erste erfreuliche Symptom einer Aktivierung häufig in einem Ungezogenwerden.

Bei gedrückten, passiven Kindern besteht das erste erfreuliche Symptom einer Aktivierung häufig in einem Ungezogenwerden.

---

1 [Fußnote von **Lewin:**] Vgl. *Fajans*, a. a. O. [S. 14f, Fn. 1], und [Hans] *Winkler*, Der Trotz [sein Wesen und seine Behandlung], München 1929.
2 Wieder verweist *Lewin* auf Martha (S. 55); ◫ S. 49f und 53 würden besser passen.
3 Dieser Absatz ist im Original in Petit gesetzt.

f) Flucht in die Irrealität. Affektausbruch

Bei Erörterung der tatsächlichen Geschehnisse, die in der Strafsituation einsetzen können, müssen wir schließlich noch auf Vorgänge hinweisen, die eine unmittelbare Beziehung zur *Spannungslage* der Situation haben, nämlich auf die Flucht in die Irrealität und auf den Affektausbruch.

Zum psychischen Lebensraum gehören ganz allgemein neben der Realitätsebene auch *Irrealitätsschichten*. Die Irrealität, die Ebene des Traumes, der sogenannten Phantasie, der Geste usf. lässt sich grob dadurch kennzeichnen, dass man in ihr »kann, was man will«. Dynamisch ist sie durch eine besonders große Flüssigkeit, durch das Fehlen fester Barrieren charakterisiert.[1] Auch die Grenze zwischen Ich und Umwelt ist in der Irrealitätsebene flüssig.

Auch die Irrealität gehört zum psychischen Lebensraum.

Der Realitätsgrad der psychischen Vorgänge und Gebilde ist eine so grundlegende Kategorie, dass er für alle genaueren Darstellungen der psychischen Umwelt als besondere (dritte) *Dimension* zu verwenden ist (vgl. Abb. **18b**, ◄ S. 67). Für eine ausführlichere Darstellung gerade des Problems von Lohn und Strafe wäre die Berücksichtigung der verschiedenen Realitätsschichten zweifellos sehr wichtig, zumal hier ganz enge Beziehungen zu den Fragen der »Moral« und überhaupt der kindlichen Ideologie bestehen. Ich möchte mich hier jedoch auf wenige Bemerkungen beschränken.[2]

---

1 [Fußnote von **Lewin:**] J[unius] F. *Brown*, Über die dynamischen Eigenschaften der Realitäts- und Irrealitätsschichten, [in:] Psych. Forsch. 1931 [Band 18, 1933; gemeinsam mit Kurt *Lewin*].

2 Dieser Absatz ist im Original in Petit gesetzt.

Wird die Spannungslage in der Situation der Strafandrohung allzu unangenehm, ohne dass sich ein Ausweg aus der Situation zeigt, so besteht eine starke Tendenz, dadurch aus dem Felde zu gehen, dass man aus der Realitäts- in die Irrealitätsebene flüchtet. Allerdings gelangt man damit nicht körperlich, sondern nur psychisch aus dem unangenehmen Umfeld heraus.

Beim Kinde ist die Differenzierung der psychischen Umwelt in Realitäts- und Irrealitätsschichten noch wenig ausgeprägt. Das äußert sich in der *magischen* Struktur seines Weltbildes,[1] im Spiel, im Fehlen einer festen Grenze zwischen Wahrnehmung und Vorstellung, zwischen Lüge und Wahrheit, Traum und Wirklichkeit, Geste und Handlung. Auch der Übergang von der Realität in die Irrealität findet bei ihm daher besonders leicht statt.

Die Angst vor Strafe beherrscht nicht nur den Traum und kann evtl. zum pavor nocturnus,[2] zum Bettnässen und ähnlichen Geschehnissen führen;[3] es kann auch zu intensiven *Tagträumen* kommen.

Innerhalb der Irrealitätsschicht erscheinen dann häufig jene Dinge aufgehoben, auf denen die Unannehmlichkeit der Realitätsschicht beruht: Das Kind ist nicht in einer Zwangssituation, nicht in der Gewalt des Erwachsenen, sondern in Freiheit; die unangenehme Aufgabe ist erledigt oder beseitigt; nicht der Erwachsene, sondern das Kind ist es, das herrscht. Wenn die Realitätsschicht in schärfster Weise bestimmten Wünschen und Bedürfnissen des Kindes widerspricht, so kann es also zu einer Art Ersatz-

Mögliche Folgen
der Angst vor Strafe.

---

1 [Fußnote von **Lewin:**] [Jean] *Piaget*, La représentation du monde chez l'enfant, Paris 1926 [dt. »Das Weltbild des Kindes«].

2 Nachtschreck (schreckhaftes Aufschrecken aus dem Schlaf).

3 [Fußnote von **Lewin:**] Vgl. *Homburger*, a. a. O. [S. 31], und *Dohme*, a. a. O. [S. 55].

befriedigung[1] gerade dieser Bedürfnisse in der Irrealitätsschicht des Spieles oder des Tagtraumes kommen.

Ein literarisches Beispiel,[2] das allerdings nicht die Konfliktsituation zwischen unangenehmer Aufgabe und Strafe betrifft, sondern die schwebende Lage *nach* der Tat, die Angst vor der kommenden Strafe, sei etwas ausführlicher geschildert. Die Topologie der Situation stimmt vor allem in dem zweiten Verlaufsteil dieses Beispiels insofern mit der Topologie der Strafandrohung überein, als das Kind, eingeschlossen in eine Bodenkammer, in seiner ausgesprochenen Zwangssituation der drohenden Strafe gegenübersteht.

Nikolaj[3] hat im Geschichtsunterricht bei seinem Lehrer Lebedew eine Eins (diese Zensur entspricht der deutschen Fünf) bekommen, weil er nichts gelernt hat, und fürchtet deshalb den Tadel und die Strafe seines Hauslehrers St. Jérôme, den sein Bruder zunächst über diese Zensur getäuscht hat. Er ist außerdem während eines Teils der Stunde aus dem Zimmer gelaufen. Das hat Mimi, die Gouvernante seiner Schwestern, entdeckt und wird es seiner Großmutter petzen. Drittens hat Nikolaj eine Mappe mit

Flucht in die Irrealität: Ein literarisches Beispiel bei Leo Tolstoj.

---

1 [Fußnote von **Lewin:**] Der Ersatz spielt bekanntlich in der psychoanalytischen Theorie eine große Rolle. Über die Dynamik und die Arten der Ersatzvorgänge vgl. *Dembo*, a. a. O. [S. 14f, Fn. 1].

2 Das gesamte Beispiel und dessen ausführliche Auswertung (bis S. 74 »… vereitelt wird«) ist im Original in Petit gesetzt. Es ist merkwürdig, dass *Lewin* dem Beispiel, das er selber als nicht ganz in den Kontext der Diskussion des vorliegenden Essays passend bezeichnet, so viel Raum gibt. Dennoch: Die Analyse ist inspirierend.

3 [Fußnote von **Lewin:**] Leo N. *Tolstoj*, Lebensstufen, Diederichs: Leipzig 1903, [Band 1] S. 255ff. [Unter dem Titel »Lebensstufen«, Band 1, fasste der Diederichs-Verlag *Tolstojs* autobiografische Erzählungen »Kindheit«, »Knabenalter« und »Jünglingsjahre« aus den Jahren 1851 bis 1857 zusammen.]

64

Briefen seines Vaters unberechtigterweise geöffnet und dabei das Schlüsselchen abgebrochen und erwartet daher eine Strafe von seinem geliebten Vater:

»Mimis Anklage, die Eins und das Schlüsselchen! Schlimmeres hätte mir nicht begegnen können. Die Großmama – für Mimis Anklage, St. Jérôme – für die Eins, Papa – für das Schlüsselchen … Und all dies musste sich spätestens noch heute abend über mein Haupt ergießen.

›Wie wird das mit mir werden?‹

›A-a-ach! was habe ich angerichtet!?‹ sagte ich laut vor mich hin, auf dem weichen Teppich des Arbeitszimmers auf- und niedergehend. – Eh, sagte ich zu mir selber und nahm das Konfekt und die Zigarren: ›was kommen soll, das kommt doch‹ … Und so lief ich ins Haus zurück.

Dieser fatalistische Ausspruch, den ich in meiner Kindheit von Nikolaj gelernt hatte, hat auf mich in allen schweren Stunden des Lebens einen wohltuenden, augenblicklich beruhigenden Einfluss geübt. Als ich in den Saal trat, war ich in erregter und unnatürlicher, aber überaus heiterer Gemütsverfassung

Nach Tisch begannen die petits jeux,[1] und ich beteiligte mich an ihnen auf das allerlebhafteste. Wir spielten ›Katz und Maus‹. Ich stieß in meiner Ungeschicklichkeit die Gouvernante der Familie Kornakow, die mit uns spielte, um, trat ihr zufällig auf das Kleid und zerriss es. Da ich sah, dass es allen Mädchen, ganz besonders aber Sonitschka das größte Vergnügen bereitete zu sehen, wie die Gouvernante mit verstörtem Gesicht in das Mädchenzimmer ging, um ihr Kleid zu nähen, nahm ich mir vor, ihnen dieses Ver-

Aus *Tolstojs* Kindheitserinnerungen.

---

[1] … die kleinen Spiele,

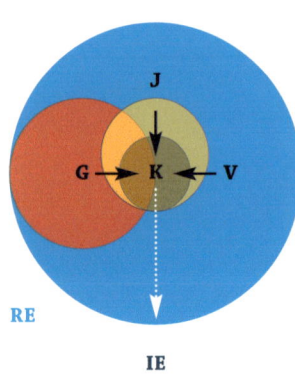

Legende:
IE Irrealitätsebene
J Jérôme (Hauslehrer)
K Kind (Nikolaj) in Kammer
G Großmutter
RE Realitätsebene
V Vater
Die Machtfelder und wie sie sich durchdringen. Zwar ist es *Jérôme*, unter dem *Nikolaj* aktuell leidet, doch er seinerseits befindet sich völlig im Machtbereich von *Nikolajs* Großmutter und Vater. In *Lewins* Grafik ist das Kind von Pfeilen umschlossen. Abb. 18b zeigt aber, dass ihm eine Fluchtmöglichkeit bleibt, nämlich die in die Irrealitätsebene.

gnügen noch einmal zu bereiten. Infolge dieses liebenswürdigen Vorsatzes begann ich gleich, als die Gouvernante wieder in unser Zimmer zurückkam, um sie her zu galoppieren, und trieb dieses Spiel so lange, bis ich einen günstigen Augenblick erhaschte, mich wieder mit dem Absatz in ihr Kleid zu verwickeln und es zu zerreißen.

Sonitschka und die Kinder der Fürstin konnten sich kaum vor Lachen halten, was meiner Eigenliebe äußerst schmeichelte, aber St. Jérôme, der meine Gassenstreiche wohl bemerkt haben musste, kam zu mir, runzelte die Stirn (was ich nicht ausstehen konnte) und sagte, meine Lustigkeit würde mir noch schlecht bekommen, und es würde, wenn ich mich nicht bescheidener benähme, trotz des festlichen Tages noch traurig enden.

Aber ich befand mich in dem erregten Zustand eines Menschen, der im Spiel mehr verloren, als er in der Tasche hat, und der sich fürchtet, seine Rechnung zu machen, und in der Verzweiflung immer neue Karten setzt, ohne die Hoffnung, sein Geld wiederzugewinnen, nur um sich selbst nicht zum Bewusstsein kommen zu lassen. Ich lachte frech auf und ließ ihn stehen.«

In dynamischer Hinsicht ist die Situation des Kindes (K) etwa wie folgt zu charakterisieren: Die *Kraftfelder*, die den Lebensraum des Kindes beherrschen, sind vor allem die des Vaters (V), der Großmutter (G) und des Lehrers St. Jérôme (J). Das Machtfeld St. Jérômes empfindet der Knabe dauernd als *feindlich*. Nun aber besitzt für den Knaben dank der eigenen Schuld auch das Feld des Vaters und der Großmutter einen Vektor gegen das Kind. Es sind dies die Personen, mit denen das Kind sich eng verbunden fühlt, die zugleich die Herrschaft im Hause haben und von denen letzten Endes auch der Machtbereich des Lehrers St. Jérôme abhängt. Nun haben alle diese Felder eine drohende Bedeutung für das Kind bekommen (Abb. **18a**).

Die innere Spannung des Kindes ist durch diese Bedrohung von allen Seiten außerordentlich groß. Seine erste Reaktion besteht in einem *Aus-dem-Felde-Gehen* in Richtung der *Irrealität*, das Kind tröstet sich durch den Versuch einer fatalistischen Abschwächung der Realität (»Was kommen soll, kommt!«). Natürlich wird damit die durch das Fest noch erhöhte Spannungslage in der Realitätsschicht nicht tatsächlich aufgehoben. Es kommt zu ausgesprochenen Unruhehandlungen und *Affektausbrüchen*. Diese Affektivität führt sehr bald zu einem neuen, schweren Konflikt mit dem Hauslehrer St. Jérôme, der die schlechte Zensur inzwischen entdeckt hat und den Knaben gesellschaftlich bloßstellt. Der Knabe schlägt den Lehrer und wird daraufhin von ihm in die Bodenkammer eingesperrt.

Verzweifelt und voller Angst vor der kommenden Strafe sitzt der Knabe in der Kammer. Die *Realitätsebene* (RE) seiner Situation ist ungefähr folgendermaßen darzustellen (Abb. **18b**).

Aus dem Trubel der vorangehenden Szene ist er in eine äußerlich ruhige Umgebung gebracht. Aber es ist zugleich eine ausgeprägte körperliche Zwangssituation, ein physisches *Gefängnis*. Dies Gefängnis ist ein Ausdruck der Feindschaft von St. Jérôme und zugleich ein Ausdruck der Stärke dieses feindlichen Machtbereichs: In der sozialen Realitätsebene ist das eigene Kraftfeld des Kindes dieser feindlichen Macht gegenüber vollkommen unterlegen. St. Jérôme selbst hat ihn in die Bodenkammer gesperrt. Die Schwere der Lage ist um so erdrückender, als akute feindliche Aktionen der letzthin entscheidenden Instanzen (des Vaters und der Großmutter) in nächster Zukunft zu erwarten sind.

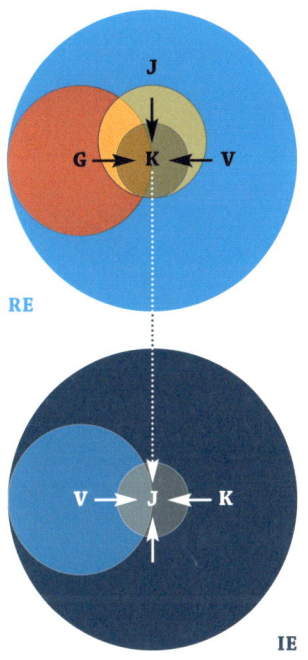

Trotz der außerordentlichen Spannungslage kommt es *nicht* wie kurz zuvor zu eigentlichen Affektausbrüchen. Äußerlich ist das Kind ziemlich ruhig. Dies Verhalten mag zum Teil darauf beruhen, dass das Kind jetzt allein, sich selbst überlassen ist, dass also innerhalb des Gefängnisses eine gewisse, wenn auch engbegrenzte Freiheit besteht. Wichtiger dürfte folgender Sachverhalt sein: Wird ein Umweltdruck zu groß und so allseitig, dass die Situation ausweglos erscheint – derartige Umweltkonstellationen sind typisch etwa für die Verzweiflung – so kommt es in der Regel zu einer gewissen *körperlichen Erstarrung*.[1]

In dieser Gefängnissituation, in der ein körperliches Aus-dem-Felde-Gehen unmöglich ist, führt die Spannung innerhalb der Realitätsebene zu einem *innerlichen* Aus-dem-Felde-Gehen, zu einem *Übergang* von der Realitäts- *in die Irrealitätsebene*. Es kommt zu lebhaften Phantasiebildern und *Tagträumen*. Die affektive Spannung äußert sich innerhalb der Irrealitätsschicht als Unruhe der Gedanken. Die dabei zutage tretende besondere Struktur der Irrealitätsebene und die in ihr stattfindenden Geschehnisse seien ihres typischen Charakters wegen etwas genauer wiedergegeben.[2]

Irrealer Ausbruch aus dem Gefängnis.

»Ich weinte nicht, aber es lag mir etwas wie ein Stein auf der Brust. Gedanken und Vorstellungen gingen mit beschleunigter Schnelligkeit in meiner wirren Einbildung hin und her; aber die Erinnerung an das Unglück, das mich betroffen, unterbrach be-

---

1 [Fußnote von **Lewin:**] K. *Lewin*, Kindliche Ausdrucksbewegungen, in: W[ilhelm] *Stern*, Psychologie der frühen Kindheit [bis zum sechsten Lebensjahr], 6. Aufl. Leipzig 1930, S. 502-510 [Erstveröffentlichung des Artikels 1927].
2 Die folgende Szene findet sich in der von *Lewin* benutzten Ausgabe (siehe ◧ S. 64, Fn. 3) auf S. 264 ff.

ständig ihre wunderliche Kette, und ich verfiel wieder in das endlose Labyrinth der Unsicherheit über mein Schicksal.

Bald kommt mir in den Sinn, es müsse irgendeine unbekannte Ursache meiner allgemeinen Unbeliebtheit, ja selbst Verhasstheit geben. (Damals war ich fest überzeugt, dass alle, von der Großmutter bis zu dem Kutscher Philipp, mich hassen und an meinem Leiden Genuss finden.) Ich bin wohl nicht der Sohn meiner Mutter und meines Vaters, nicht Wolodjas Bruder, sondern eine unglückliche Waise, ein Findling, den man aus Barmherzigkeit aufgenommen hat, sage ich zu mir selber; und dieser törichte Gedanke gewährte mir nicht nur einen gewissen wehmütigen Trost, sondern schien mir sogar vollkommen wahrscheinlich. Es war mir eine Wonne, zu denken, dass ich unglücklich sei, nicht weil ich schuldig war, sondern weil es mein Geschick so war von Geburt an, und dass mein Geschick dem des unglücklichen Karl Iwanowitsch ähnlich sei.[1]

Warum aber sollte dies Geheimnis noch länger verborgen bleiben, wenn ich selbst es durchschaut habe, sage ich zu mir selber – schon morgen will ich zu Papa gehen und ihm sagen: ›Papa, umsonst verbirgst du mir das Geheimnis meiner Geburt: ich kenne es.‹ Er wird sagen: ›Was ist zu tun, liebes Kind, früher oder später hättest du es doch erfahren; du bist nicht mein Sohn, ich habe dich aber an Sohnes Statt angenommen und wirst du dich meiner Liebe würdig erweisen, so werde ich dich nie verlassen‹, und ich

Aus *Tolstojs* Kindheitserinnerungen. (Fortsetzung.)

---

[1] Karl Iwanowitsch *Mauer*, fiktionalisierter Name seines Hauslehrers Friedrich (nach manchen Quellen auch Theodor; *Tolstoj* nennt ihn: Fedor Iwanowitsch) *Rössel* oder *Rössl* (ein gelernter Schuhmacher übrigens), an welchem *Tolstoj* im Gegensatz zu »St. Jérôme« (Saint-Thomas) hing. Die Geschichte seines Wegganges wird einige Seite vorher erzählt (S. 230ff).

werde ihm antworten: ›Papa, obgleich ich nicht das Recht habe, dir diesen Namen zu geben, spreche ich ihn doch jetzt noch dieses eine Mal aus, ich habe dich immer geliebt und werde dich lieben, ich werde nie vergessen, dass du mein Wohltäter warst, aber ich kann nicht länger in deinem Hause bleiben, hier liebt mich niemand und St. Jérôme hat sich verschworen, mich zu vernichten. Er oder ich muss dein Haus verlassen, denn ich kann nicht für mich einstehen; ich hasse diesen Menschen so sehr, dass ich zu allem fähig bin. Ich töte ihn. Ja, ich sag's: Papa, ich töte ihn.‹ Papa redet mir zu, aber ich wehre mit der Hand ab und sage zu ihm: ›Nein mein Lieber, mein Wohltäter, wir können nicht unter einem Dache leben, lass mich gehen‹ und ich umarme ihn und sage zu ihm, ich weiß nicht warum, auf Französisch: ›Oh, mon père, oh, mon bienfaiteur, donne-moi pour la dernière fois la bénédiction et que la volonté de Dieu soit faite!‹[1] Und ich sitze auf einem Kasten in der dunklen Bodenkammer und weine laut aufschluchzend bei diesem Gedanken. Aber plötzlich denke ich wieder an die schmachvolle Strafe, die mich erwartet. Die Wirklichkeit erscheint mir im wahren Lichte, und die Phantasiebilder zerflattern im Augenblick.«

Zwischenbemerkung zum Beispiel. Die subjektive Schwere der Lage ist nicht zuletzt dadurch bedingt, dass sie auf der eigenen Schuld beruht. Der erste Vorgang in der Irrealität besteht nun in einer *Abtrennung* dieser *schuldhaften Ereignisse vor*[2] dem eigenen Ich. Ähnlich wie es nach Misserfolgen häufig geschieht,[3] wird die »Zurechnung« des un-

---

1 Oh, mein Vater, oh, mein Wohltäter, gib mir ein letztes Mal deinen Segen und dass der Wille Gottes geschehe!

2 von?

3 [Fußnote von **Lewin:**] *Hoppe*, a. a. O. [S. 14f, Fn. 1].

angenehmen Sachverhaltes zur eigenen Person durch eine *Versachlichung* aufgehoben: Das Schicksal, für das man selbst nicht verantwortlich ist, ist Schuld. Die innere Abwendung der Großmutter und vor allem des Vaters, die das Kind befürchtet, wird darauf zurückgeführt, dass man nicht wirklicher Sohn des Vaters, sondern ein Findling ist. Das Kind lehnt pathetisch (es wird plötzlich französisch gesprochen!) alle Trostworte ab und zieht die tragische (also nicht schuldhafte) Konsequenz: es verlässt das Haus; es denkt: »ich werde bald sterben«. Zugleich ist damit die Flucht aus dem Gefängnis vollzogen, wenn auch in der Irrealitätsebene.

Allmählich vollzieht sich eine allgemeine *Umstrukturierung der Irrealitätsebene*, bis das Kind schließlich in dieser Ebene das besitzt, was es in der Realität entbehrt, *bis* vor allem *seine soziale Stellung von Grund auf verändert, ja in ihr Gegenteil verkehrt ist.*

»Bald sehe ich mich schon in Freiheit fern von unserem Hause. Ich werde Husar und gehe in den Krieg. Von allen Seiten drängen die Feinde auf mich ein, ich führe einen Streich mit dem Säbel und töte einen, ein zweiter Streich, ich töte den Zweiten, den Dritten. Endlich sinke ich, von Wunden und Mattigkeit erschöpft, zu Boden und rufe: ›Sieg!‹ Der General kommt zu mir herangeritten und fragt: ›Wo ist er – unser Retter?‹ Alle zeigen auf mich, er stürzt mir um den Hals und ruft unter Freudentränen: ›Sieg!‹ – Ich genese und spaziere, eine schwarze Binde um den Arm, über den Twer-Boulevard. Ich bin General! Und der *Kaiser* begegnet mir und fragt: ›Wer ist dieser verwundete Jüngling?‹ Man sagt ihm: ›Der berühmte Held Nikolaj.‹ Der Kaiser tritt auf mich zu und spricht: ›Ich danke dir. Erbitte dir, was du willst. Ich will alles gewähren.‹ Ich verneige mich ehrerbietig, stütze mich

Aus *Tolstojs* Kindheitserinnerungen. (Fortsetzung.)

auf meinen Säbel und spreche: ›Ich bin glücklich, großmächtiger Kaiser, dass ich mein Blut für mein Vaterland vergießen durfte, ich wäre bereit, ihm auch mein Leben zu opfern; da du aber so gnädig bist, mir eine Bitte zu gewähren, so bitte ich um eins – gestatte mir, meinen Feind, den Ausländer St. Jérôme zu vernichten.‹ Ich trete drohend vor St. Jérôme hin und sage zu ihm: ›Du hast mein Unglück verschuldet, à genoux!‹[1] Aber plötzlich kommt mir der Gedanke, dass jede Minute der echte St. Jérôme mit der Rute eintreten könnte, und wieder sehe ich mich nicht mehr als General, der sein Vaterland errettet, sondern als das kläglichste, bejammernswerteste Geschöpf.

Bald kommt mir der Gedanke an Gott, und ich richte herausfordernd an ihn die Frage, wofür er mich straft. Ich habe doch nicht verabsäumt, jeden Morgen und Abend zu beten, wofür also leide ich? Ich kann es bestimmt sagen, dass der erste Schritt zu den religiösen Zweifeln, die mich in meinen Knabenjahren beunruhigt haben, in diesem Augenblick geschah, nicht etwa weil das Unglück mich zu Murren und Unglauben antrieb, sondern weil der Gedanke an die Ungerechtigkeit der Vorsehung, der mir in diesen Stunden völliger geistiger Verwirrung und vierundzwanzigstündiger Einsamkeit in den Kopf kam, wie ein schlechtes Korn, das nach dem Regen in lockeren Boden gefallen ist, schnell aufschoss und Wurzel fasste. Bald bildete ich mir ein, dass ich sicher sterben würde und stellte mir lebhaft St. Jérômes Erstaunen vor, wenn er statt meiner in der Bodenkammer den leblosen Körper finden würde. Ich erinnerte mich der Erzählung Natalja Sawisch-

Omnipotenz-fantasie.

---

1 à genoux: Auf die Knie! Bemerkenswert ist diese Umkehrung des Rituals der Demütigung.

nas,[1] dass die Seele eines Dahingeschiedenen vor vierzig Tagen das Haus nicht verlässt, und ich schwebe in Gedanken nach dem Tode ungesehen in allen Zimmern des Hauses der Großmutter umher und höre Ljubotschkas herzliches Weinen, die Klagen der Großmutter und wie Papa mit August Antonowitsch spricht. – ›Es war ein braver Junge‹, wird Papa mit Tränen in den Augen sagen. – ›Ja‹, sagt St. Jérôme, ›aber ein großer Schlingel.‹ – ›Sie sollten Achtung vor den Toten haben‹, sagt Papa. ›Sie haben ihn eingeschüchtert, er konnte die Demütigung nicht ertragen, die Sie ihm angetan … Aus dem Hause, Elender!‹

Und St. Jérôme sinkt in die Knie, weint und bittet um Verzeihung. Nun sind vierzig Tage vorüber und meine Seele fliegt zum Himmel; ich sehe dort etwas wunderbar Schönes, Weißes, Durchsichtiges, Langes und fühle, dass es meine Mutter ist.«

Die Situation der Irrealität ist eine vollkommene Umkehrung der Lage in der Realität. Das *eigene Kraftfeld*, das sich in der Realitätsebene (Abb. **18b**, [⊞ S. 67], RE) soeben als ganz schwach erwiesen hat, wird in der Irrealitätsebene (IE) dank des heldenhaften Benehmens zum *sozial beherrschenden Kraftfeld.* Zugleich ist die für das Kind besonders schmerzliche *Trennung zwischen ihm und dem geliebten Vater aufgehoben.* Während in der Realität das sozial mächtigste Kraftfeld (das des Vaters, V) sich gegen den Knaben zu wenden droht, steht es in der Irrealität dank dieser Vereinigung ganz zu seiner Verfügung. Der Vater vollzieht die Bestrafung St. Jérômes.

Der vorausgehende Tagtraum hatte eine dynamisch ganz ähn-

Umkehrung
der Lage in der Fantasie
gegenüber der Realität.

---

[1] Natalja Sawischna, Figur der alten, den Herrschaften treu ergebenen Dienerin, in der *Tolstoj* sein Ideal des einfachen, reinen Volkes verdichtet.

liche Situation in der Irrealitätsebene geschaffen: Hier war es der Kaiser, also die überhaupt mächtigste Person, deren Kraftfeld dem Knaben zur Verfügung gestellt wird. Beide Phantasiesituationen führen zur *Vernichtung von St. Jérôme*, also jener Macht, die in der Realitätsebene den Knaben in der Bodenkammer gefangen hält. In der *Irrealitätsebene ist das Kind nicht mehr schwach und gefangen, sondern mächtig und frei*, der realiter momentan *mächtigste siegreiche Feind dagegen ist schwach und unterliegt.*

Das Phantasiebild gipfelt, sowohl die Freiheit wie die Macht bis ins Überirdische ausdehnend, im Wiedersehen mit der toten Mutter.[1]

Auf die späteren Ereignisse in der Realitätsebene, insbesondere auf die Weigerung des Kindes, dem Lehrer Abbitte zu leisten, sei hier nicht mehr eingegangen. Es kommt schließlich zum Versuch einer wirklichen Flucht aus dem Hause, die aber vom Vater vereitelt wird.

Sind die gegeneinander gerichteten Vektoren, die die Konfliktsituation beherrschen, sehr stark, so kann, wie das eben erörterte Beispiel bereits zeigt, als Auswirkung der Spannungslage eine »diffuse« Entladung, das heißt ein *Affektausbruch* zustande kommen.

Affektausbruch. Das Kind tobt, schreit, weint; bei der Strafandrohung in der Regel allerdings erst dann, wenn eine momentane Fluchtaktion vereitelt wird.

---

[1] Die Nähe und Ferne zu Sigmund *Freud* wird an dieser Stelle greifbar. Natürlich hätte *Freud* bei der ödipalen Situation mit der Mutter – »etwas wunderbar Schönes, Weißes, Durchsichtiges, Langes« – verweilt und vielleicht von daher ein unbewusst ambivalentes Verhältnis zum Vater gedeutet. *Lewin* dagegen zeigte ein bemerkenswertes Desinteresse für die Frage nach bewusst/unbewusst und traf sich mit *Freud* dennoch bei der Ersatzbefriedigung und der Flucht in den Traum.

Aber auch wenn keine ausgesprochenen Affektäußerungen zu stande kommen, kann die erhöhe Spannungslage die Qualität der Arbeit wesentlich beeinflussen. Wir greifen einen besonderen Fall heraus, der pädagogisch von Interesse ist: das Lösen intellektueller Aufgaben.

Die *intellektuellen* Aufgaben bedürfen zu ihrer Lösung zweifellos einer gewissen Spannung, eines Vektors in der Richtung des Aufgabenzieles. Dass es für die Lösung intellektueller Aufgaben ohne weiteres günstiger ist, wenn ein positiver Aufforderungscharakter der Aufgabe selbst vorliegt (sodass das Kind bei etwaigen Schwierigkeiten doch immer wieder die Richtung zur Aufgabe aufnimmt), als wenn eine Abneigung gegen die Aufgabe besteht, braucht nicht noch einmal erörtert zu werden (vgl. oben [⬅] S. 21f versus S. 23ff]).

Es kommt hinzu, dass die Konfliktsituation, zumal dann, wenn sie zu einer starken *Gesamtspannung* führt, für intellektuelle Aufgaben besonders ungünstig ist. Die Lösung einer intellektuellen Aufgabe besteht ihrer allgemeinen psychologischen Struktur nach darin, dass die Gesamtzusammenhänge im Problemgebiet eine Umwandlung erfahren, dass sie »kippen«.[1] Es ist eine Voraussetzung für das Zustandekommen eines derartigen Kippens, dass die betreffende Person den Überblick über *das Feld als Ganzes* gewinnt. Die für die Lösung entscheidenden Umstrukturierungen

Tendenz zur Lösung der Gesamtspannung.

---

1 [Fußnote von **Lewin:**] [Wolfgang] *Köhler*, Intelligenzprüfungen an Menschenaffen, Berlin 1922. [Leider ohne eine Seitenangabe, auf welche Stelle *Lewin* sich hier bezieht. Mir erschließt sich das nicht ohne Weiteres. Vom »Kippen« ist in dieser ursprünglich aus dem Jahr 1917 stammenden Untersuchung freilich etliche Male die Rede, allerdings im konkreten Zusammenhang von solchen Aufgaben, bei denen die Schimpansen Kisten zu kippen hatten.]

im Felde setzen also voraus, dass die betreffende Person »über« der Sache steht. Sie muss die Möglichkeit haben, etwas Distanz von der Aufgabe zu gewinnen. Erst dann sieht sie nicht nur irgendwelche Einzelheiten im Felde, sondern den Gesamtzusammenhang.

Befindet sich das Kind in einer Konfliktsituation mit starker Spannung, fühlt es sich »unter« der Situation stehend, das heißt allemal *in* der Situation, ohne Überblick über sie, so bestehen für ruhige *intellektuelle Lösungen* recht *ungünstige* Voraussetzungen.

⚜

Unsere Erörterung über die Topologie der *Strafandrohung* im Fall eines Gebotes sei damit zunächst abgeschlossen. Wir gehen jetzt nicht auf die Strafandrohung im Fall eines Verbotes ein,[1] sondern besprechen zunächst die Situation, die sich beim In-Aussicht-Stellen eines *Lohnes* ergibt.

[Zum Verbot mit Strafandrohung siehe �«▣ S. 87 ff.]

Reaktionsformen auf eine Strafdrohung

A. Kalkulierend
1. *Gehorsamkeit*
2. *Widerstand*
a. Umwerten der Strafe
b. reale Flucht (Barriere durchbrechen)
c. Kampf
aktiv (Verhandeln, Schmeicheln, Betrügen, Drohen, Obstruktion, Tötung)
passiv (Sich-Verweigern, -Wappnen)
B. Affektiv
1. *Wüten an der Barriere*
2. *Handgreiflichwerden*
3. *Trotz*
4. *Ersatzhandlungen*
5. *Rückzug*
a. Erstarren, Erkranken
b. Flucht in die Irrealität
c. Suizid

Zwar benennt *Lewin* den Suizid als ultimative Form der Flucht aus aussichtsloser Situation, doch nicht die Tötung des Peinigers (Eltern, Lehrer) als ultimative Form des Kampfes gegen den Erwachsenen.

---

1 Merken wir uns: Hier in diesem Kapitel diskutiert *Lewin* die Wirkung von Strafandrohung (um ein Gebot durchzusetzen), nur bei der Umwertung (▣ S. 51 f) geht es um die Wirkung einer vollstreckten Strafe, und kündigt an, dass es im Fall eines Verbotes ebenfalls um die Strafandrohung gehe. Merkwürdigerweise scheint er dies dort (▣ S. 88 f) vergessen zu haben und leitet etwas umständlich her, dass es die Strafandrohung und nicht die vollstreckte Strafe sei, die sich zwischen Wunschziel und Person schiebe. Die Topologie ist anders, da bei Gebot die Strafandrohung zur Aufgabenerfüllung (zum Handeln) treiben, bei Verbot sie von einem Handeln (der Erreichung des Wunschziels) abhalten soll.

III. Gebot mit Aussicht auf Belohnung

Pädagogisch scheint der Gegensatz zur Strafe der Lohn zu sein.[1] Ebenso wie das In-Aussicht-Stellen der Strafe kommt ein In-Aussicht-Stellen einer Belohnung nur in Frage, wenn das Kind zu einem Verhalten veranlasst werden soll, das nicht den »natürlichen« Feldkräften der momentanen Situation entspricht. Das Kind soll etwas tun, was es nicht möchte, oder etwas unterlassen, wozu es Lust hat. Wir gehen zunächst wiederum auf die Situation ein, in der das Kind durch die Belohnung zur *Ausführung* einer Aufgabe veranlasst werden soll, die ihm an sich nicht erwünscht ist.

1. Art und Lage der Aufforderungscharaktere und Barrieren

Das Kind (K) sieht sich wiederum einer Aufgabe (A) mit negativem Aufforderungscharakter gegenüber. Während die Strafandrohung den entsprechenden Vektor durch einen zweiten *negativen* Aufforderungscharakter zu überwinden versucht, wird jetzt ein *positiver* Aufforderungscharakter (eine gute Note, ein Spielzeug, ein Leckerbissen, die Versetzung,[2] das Gelobtwerden

»Lohn« versteht *Lewin* im vorliegenden Kontext stets als erzieherisch gemeinte **Belohnung** (zu der auch das Lob zählt), nicht als ökonomische Entlohnung.

---

1 Dies mag Lewin 1931 zwar so erschienen sein. Allein, Jean-Jacques *Rousseau*, der Begründer der (neuzeitlichen) Pädagogik, hat bereits in seinem Erziehungsroman »Emil« (1762) nachdrücklich darauf hingewiesen, dass die Entwicklung des Kindes weder durch Strafen noch durch Belohnung, sondern ausschließlich durch Interesse an der Sache geleitet werden möge: durch das, wie *Lewin* im nächsten Satz sagt, was »den ›natürlichen‹ Feldkräften der momentanen Situation entspricht« (vgl. Martin *Rang*, Rousseaus Lehre vom Menschen, Göttingen 1959, S. 71; ◄ S. 86).
2 Meines Erachtens gälte es, drei Formen von »Lohn« zu unterscheiden: 1. Der Lohn liegt innerhalb des Machtbereichs des Erwachsenen, hat aber mit der Sache

Abbildung **19**

III. Gebot mit Aussicht auf Belohnung

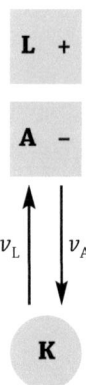

als »gutes« Kind oder etwas ähnliches) verwendet. Da die von dem positiven Aufforderungscharakter ausgehende Anziehung die von der Aufgabe ausgehende Abstoßung überwinden soll, wird der *Lohn* (L) *in dieselbe Richtung wie die Aufgabe* (A) und zwar »hinter« die Aufgabe gelegt (Abb. **19**).[1]

Wir haben es also wiederum mit einer *Konfliktsituation* zu tun (das

selber nichts zu tun, z. B.: »Wenn du dein Zimmer aufräumst, bekommst du ein Eis.« 2. Der Lohn liegt innerhalb des Machtbereichs des Erwachsenen und ist mit der Sache verbunden, z. B.: »Wenn du dich anstrengst, gebe ich dir eine gute Note.« 3. Der Lohn liegt außerhalb des Machtbereichs des Erwachsenen, z. B.: »Wenn du fleißig übst, wirst du Erfolg haben.« Zudem müsste noch unterschieden werden der Lohn, der ausschließlich an den Versuch oder guten Willen gekoppelt ist (den Versuch, die Rechenaufgaben zu lösen) oder eine gewisse Qualität aufweisen muss (das richtige Ergebnis der Rechenaufgaben zu ermitteln).

1 Unmittelbar verständlicher, wenn auch nicht topologisch (wohl aber dynamisch) darstellbar, wäre die Formulierung »und zwar *zeitlich nach* der Aufgabe gelegt«. (Eine Vermischung von räumlicher und zeitlicher Ausdrucksweise deutet *Lewin* selber an, ▣ S. 87 f.) Aber natürlich ist selbst diese Formulierung nicht ganz richtig, weil es auch Situationen gibt, in denen die Belohnung zeitlich *vor* der Aufgabenerledigung erfolgt, obgleich in diesem Fall das Einfordern, die ungeliebte Aufgabe doch ja bitte zu erledigen, besonders heikel werden kann und dann sogar die Zuhilfenahme der Strafandrohung herausfordert. Zumindest muss, um die Erledigung der Aufgabe trotz bereits erhaltenen Lohnes zu veranlassen, topologisch gesprochen die »Selbstachtung« oder die »Ehre« als Barriere wirken bzw. der Verlust der Selbstachtung oder der »Ehrverlust«, der eintritt, wenn man sein Versprechen, für den Lohn die Aufgabe zu erledigen, nicht einlöst. Es liegt also in der vektorpsychologischen Darstellung eine Mischform von Lohn- und (mittelbarer) Strafsituation vor (dass Mischformen sogar häufiger sind als reine Lohn- oder Strafsituationen, darauf weist *Lewin* ▣ S. 85 hin). *Lewin* hat diese Situation wohl deshalb nicht erwogen, weil er in der vorliegenden Studie vor allem Jüngere im Auge hat in einem Alter, da Eltern, Erzieher und Lehrer noch nicht davon ausgehen, dass die Kinder ein Versprechen geben können. (Die Gewalt, die aufzuwenden ist, um aus dem Menschen ein »Tier heran[zu]züchten, das versprechen darf«, hat Friedrich *Nietzsche* in der »Genealogie der Moral« [1886] beschrieben.)

Legende:
+ positive Valenz
– negative Valenz
A Aufgabe
K Kind
L Lohn
v_A Vektor (der Aufgabe)
v_L Vektor (des Lohnes)

heißt, auf das Kind wirken zwei annähernd gleich starke, entgegengesetzte Feldkräfte) und zwar mit einer Konfliktsituation vom Typus 3 [das Individuum steht einem positiven und einem negativen Aufforderungscharakter gegenüber] (vgl. ⊟ S. 29).

Der vom Lohn ausgehende Vektor (v_L) muss wiederum stärker sein als der von der Aufgabe ausgehende Vektor (v_A); der Lohn muss also um so verlockender sein, je unangenehmer die Aufgabe ist.

Eine solche Situation würde aber keineswegs ausreichen, das Kind zur Ausführung der Aufgabe zu veranlassen. Für das Kind, das sich in Richtung der Lockung angezogen fühlt, bedeutet die unangenehme Aufgabe eine *Barriere*, die zwischen ihm und dem Ziel (L) liegt. Die Topologie entspricht in dieser Hinsicht also einer Situation, in der eine Schwierigkeit dem Kinde den Zugang zu einem Ziel verwehrt (Abb. 2 [⊟ S. 21]). Einer solchen einem Ziele vorgelagerten Schwierigkeitsbarriere gegenüber macht das Kind in der Regel den Versuch einer *Umgehung* (es ist das die typische Situation für das Zustandekommen von Umwegen),[1] oder das Kind versucht, »schwache« Stellen in der Barriere zu finden. Auch beim In-Aussicht-Stellen einer Belohnung wird das Kind also den Versuch machen, das lockende Ziel, etwa die Nascherei, zu erreichen, ohne die Aufgabe zu erfüllen (Abb. **20**). Es wird z.B. versuchen, die Belohnung vom Erwachsenen zu erschmeicheln, oder betrügerisch die Erfüllung der Aufgabe vor-

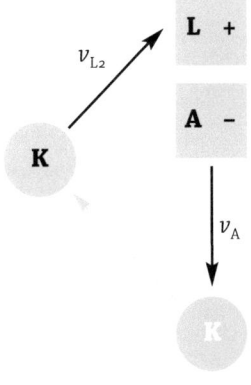

---

[1] An dieser Stelle wird die Beeinflussung der *Lewin*'schen Auffassung durch die oben in unklarem Zusammenhang erwähnte Studie *Köhlers* zu den Experimenten mit Schimpansen [S. 75, Fn. 1] deutlich, da *Köhler* genau die Fähigkeit der Tiere untersuchte, auf Umwegen zu einem Ziel zu gelangen; und diese Fähigkeit als Intelligenzleistung charakterisierte.

Legende:
+ positive Valenz
− negative Valenz
A Aufgabe (als Barriere)
K Kind
L Lohn
v_A Vektor (der Aufgabe)
v_{L_2} Vektor (des Lohnes zur Umgehung der Aufgabe)

Abbildung **21**   **III. Gebot mit Aussicht auf Belohnung**

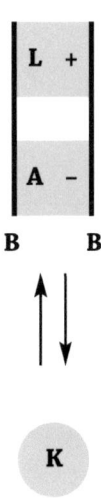

täuschen, sofern nicht Vorsorge getroffen ist, dass ein solches Umgehen der Aufgabe unmöglich gemacht ist. Das heißt, auch bei der Lohnsituation ist es notwendig, *Barrieren* (B) so zu errichten, dass der *Zugang zum Lohn nur durch die Aufgabe hindurch* möglich ist (Abb. **21**).

Man kann diese Situation auch ohne Benutzung solcher besonderer Barrieren darstellen. Dass der Lohn nur durch die Aufgabe hindurch erreicht werden kann, ist auch wiedergegeben, wenn man die *Aufgabe* als *Ringzone* um den Lohn abbildet (Abb. **22**). Topologisch sind beide Abbildungen in mancher Hinsicht äquivalent. Vor allem ist beide Male die Zone des Lohnes (L) rings abgeschlossen. Die Darstellungen unterscheiden sich darin, dass der abschließende Ring in Abb. 22 in sich relativ homogen ist, dass er nur aus der Aufgabe besteht, während er in Abb. 21 zum Teil aus der Aufgabe, zum Teil aber aus der besonderen Barriere (B) besteht. In den meisten Fällen dürfte Abb. 21 die Situation richtig wiedergeben; denn es sind in der Regel *besondere* Barrieren, zum Beispiel ein bestimmtes festes Benehmen des Erwachsenen und eine Reihe anderer Vorsorgen physikalischer und sozialer Natur nötig, um zu erreichen, dass das Kind nicht unter Umgehung der Aufgabe doch den Lohn erreicht.[1]

Legende:
+ positive Valenz
– negative Valenz
A Aufgabe
B Barriere (gegen Umweg)
K Kind
L Lohn

---

1 Dieser Absatz ist im Original in Petit gesetzt. – Leider unterlässt es *Lewin* hier, Beispiele zu geben. Ein Beispiel dafür, dass der Lohn nur durch Erledigung der Aufgabe erhalten werden kann, ohne eine besondere Barriere nötig zu machen, wäre etwa: Durch das Lösen einer Reihe von Rechenaufgaben ergibt sich ein Code, mit dem das Kind an die Belohnung kommt. Zeitgemäß wäre etwa der Freischaltcode fürs Handy denkbar. Die einfachste Barriere, um die Erledigung der Aufgabe vor Erhalt der Belohnung zu erzwingen, ist die Kontrolle: Der Erwachsene kontrolliert die ordnungsgemäß gelösten Rechenaufgaben und händigt dann die Belohnung aus.

2. Vergleich der Gesamtsituation bei Lohn und Strafe
Vergleicht man die Gesamtsituation nach dem In-Aussicht-Stellen der Belohnung mit der Situation bei Strafandrohung, so zeigen sich sehr wesentliche *Parallelen*. Beide Male handelt es sich um eine Konfliktsituation. Es ergeben sich daher die für eine Konfliktsituation allgemein charakteristischen Folgen, z. B. Erhöhung der Spannungslage, Tendenz zum Abgleiten von der Richtung auf die Aufgabe. Beidemal *fehlt* also die »natürliche Teleologie«, die für die Interessensituation charakteristisch ist (vgl. oben ▢ S. 21 f).

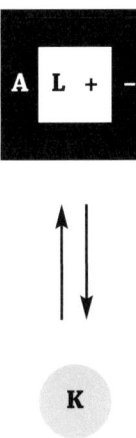

Daneben ergeben sich gewisse Verschiedenheiten der Gesamtsituation. (Von den besonderen »moralischen« Akzenten von Lohn und Strafe sehen wir hier zunächst ab; ebenso von den Wirkungen auf das *Selbstbewusstsein*, von der Ermutigung und Entmutigung, die die *Durchführung* von Lohn und Strafe mit sich bringt.) Ein Hauptunterschied besteht darin, dass im Falle der *Strafandrohung* die Barriere das Kind rings umgibt, während bei der *Lohnsituation* das Kind *außerhalb* des Ringes steht, der durch die Barriere und die Aufgabe gebildet wird. Beim In-Aussicht-Stellen des Lohnes wird also die Bewegungsfreiheit des Kindes im ganzen nicht eingeschränkt. Lediglich ein *spezieller* Gegenstand im Lebensraum des Kindes, nämlich die Belohnung, wird (bis auf den Zugang über die Erfüllung der Aufgabe) unerreichbar gemacht.

In der Tat hat die Lohnsituation, falls es sich wirklich lediglich um das In-Aussicht-Stellen einer Belohnung für das Erfüllen einer Aufgabe handelt, nicht jenen *Zwangscharakter*, der für die Strafsituation charakteristisch ist (vgl. ▢ S. 37 ff).

Legende:
+ positive Valenz
– negative Valenz
A Aufgabe (als Ringzone)
K Kind
L Lohn

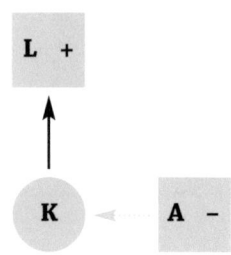

Legende:
+   positive Valenz
–   negative Valenz
A   Aufgabe (als Barriere)
K   Kind
L   Lohn

3. Die Verhaltensweisen in der Lohnsituation

a) Ist die von der Belohnung ausgehende *Lockung* relativ zur Unannehmlichkeit und Dauer der Aufgabe *stark*, und die übrige *Barriere* um den Lohn fest genug, so wird das Kind die *Aufgabe durchführen*.

Allerdings besteht auch in diesem Falle nicht jene für die Interessensituation charakteristische »natürliche Teleologie«, die das Kind immer wieder auf das eigentliche Ziel der Aufgabe hinlenkt. Nähert sich das Kind der Aufgabe oder beginnt es, in die Aufgabe hinein zu gehen, so pflegt sich durch die Bewegung des Kindes im Felde sehr bald eine Diskrepanz zwischen der Richtung auf das Aufgabenziel und der Richtung auf den Lohn bemerkbar zu machen (Abb. **23**): Das Kind »schielt« während der Ausführung der Aufgabe nach dem Lohn. Es wird die Aufgabe möglichst rasch, eventuell vorzeitig abbrechen, sobald es nur an die Belohnung heran kann.

b) Ist die *Unannehmlichkeit der Aufgabe stärker* als die Belohnung, so wird das Kind »*auf die Belohnung verzichten*« (ähnlich wie es die Strafe »auf sich genommen« hat).

Auch dabei kann eine Relativierung und »*Umwertung der Werte*« eintreten (vgl. ▣ S. 51f). Auch der Belohnung wird ja häufig eine »moralische« Note gegeben. Nicht selten hat diese moralische Note den Charakter eines sozialen Höherstehens des »guten« Kindes gegenüber den Kameraden. Verzichtet das Kind auf die Belohnung, so bedeutet das sehr häufig, dass es sich wenigstens für diesen Fall außerhalb der Ideologie stellt, die die Belohnung (zum Beispiel die gute Zensur) als etwas moralisch Höherstehendes ansieht.

Allerdings[1] bestehen auch hier wesentliche Unterschiede zu der Situation bei Strafandrohung. Infolge des geringeren Zwangscharakters der Lohnsituation pflegen die Vorgänge im Ganzen einen leichteren Charakter zu haben. Ferner sind es zum Teil andersartige moralische Umwertungen, die eintreten, wenn das Kind eine Strafe als minderes Übel auf sich nimmt, als wenn es auf eine Belohnung verzichtet oder seinen Ehrgeiz, eine gute Zensur zu bekommen, aufgibt.

Nur selten hat der Lohn den Charakter einer *sachlich* notwendigen Folge eines bestimmten Verhaltens des Kindes, einer Folge, die unabhängig vom Willen des Erwachsenen ist.[2] In derartigen Fällen handelt es sich psychologisch um Situationen, die schon eine wesentliche Verwandtschaft mit den Fällen haben, in denen ein Interesse an der Sache selbst (vgl. später)[3] das Verhalten bestimmen.[4]

Belohnungsformen
1. materiell
   (z. B. Nascherei)
2. ideell
   (z. B. Lob)

Belohnungstypen
1. sachfern
   (z. B. Geschenk für gute Note)
2. sachverbunden
   (z. B. gute Note für Leistung)

Belohnungsquantitäten
1. privat
   (nur das Kind erfährt davon)
2. öffentlich
   (eine Gruppe erfährt davon)

Belohnungsqualitäten
→ S. 15

---

1 Dieser Absatz ist im Original in Petit gesetzt.
2 [Fußnote von **Lewin:**] Auch die Strafe kann unter Umständen den Charakter einer »natürlichen Sanktion« für das Verletzten eines Gebots oder Verbots haben.
3 *Lewin* gibt hier keine Seitenzahl an. Gemeint sein könnte S. 101 ff.
4 Wer etwa das Training trotz Ermahnung durch den Erwachsenen vernachlässigt, sei es im Sport, sei es in der Musik, wird den erhofften Erfolg nicht haben. Dies gilt dann und nur dann, wenn das Kind das Ziel (den Erfolg) tatsächlich selber anstrebt: Der Konflikt liegt also *in* der Person zwischen dem langfristigen Ziel und der kurzfristigen Bequemlichkeit. Der Misserfolg wird zwar umgangssprachlich auch als »Strafe« bezeichnet, jedoch handelt es sich um eine ganz andere psychologische Kategorie; exakter wäre zu sagen, wie *Lewin* es tut, dass es sich um eine (»natürliche«) Folge handele. Wir bewegen uns hier auf einem Gebiet, das in *Lewins* kurzer und idealtypischer Diskussion nicht vorkommt, den häuslichen und schulischen Alltag allerdings stark prägt, nämlich dem Gebiet einer gemischt intrinsischen und extrinsischen Motivation. Das Kind strebt den Erfolg an und der Erwachsene unterstützt die Überwindung von kurzfristigen Hemmungen (z. B. Bequemlichkeit gegenüber schwierigen oder langweiligen Phasen beim Üben) durch die Auslobung

c) Das Kind kann bei *starker Unannehmlichkeit* der Aufgabe und *starker Lockung* des Lohnes versuchen, die *Barriere zu durchbrechen*, also etwa den als Lohn versprochenen Ausflug mitzumachen, obschon die Aufgabe nicht erledigt ist.

Hierin liegt eine gewisse Ähnlichkeit mit der Strafsituation. Allerdings erfolgt der Durchbruch durch die Barriere hier nicht ins Freie, sondern zum Lohn hin. Auch darin besteht eine Parallele, dass die Barriere im wesentlichen auf der Macht des Erwachsenen beruht. Das Durchbrechen hat also den Charakter eines *Kampfes* mit dem Erwachsenen. Allerdings pflegt, entsprechend dem Fehlen einer ausgesprochenen Zwangssituation, der Kampf hier weniger *erbittert* zu sein.[1] Überdies besteht eine stärkere Tendenz, den Kampf mit Schmeichelei oder »gütlichen« Mitteln zu führen, da das Kind ja darum kämpft, dass der Erwachsene es zu einem Genuss zulässt.

Auch die Lohnsituation kann in einen (Macht-)Kampf münden.

---

eines Lohns oder sogar durch eine Strafandrohung. Die topologische Darstellung derartiger Situationen verlangt die Einführung des Begriffs der *Ambivalenz*.

[1] Es sei denn, die »Vorenthaltung« des Lohnes (bei Nichterledigung der Aufgabe) wird vom Kind als (ungerechte) Strafe angesehen und umgewertet. Dann folgen bisweilen Tobsuchtsanfälle. Umgangssprachlich wird die Vorenthaltung des Lohnes bisweilen auch als »Strafe« tituliert. Ich erinnere mich, dass meine Mutter, als ich im Alter von rund fünf Jahren eine mir aufgetragene, unangenehme Erledigung, für die mir ein Eis in Aussicht gestellt worden war, nicht geleistet habe, konsequenterweise das Eis nicht spendierte. Mein Zetern quittierte sie mit dem Spruch (der für sie untypisch war): »Strafe muss sein!«

4. Kombination von Lohn und Strafe

Die Lohnsituation, die wir soeben geschildert haben, tritt selten in dieser reinen Form auf. In der Regel benutzt der Erwachsene weder eine rein Lohn- noch eine reine Strafpädagogik, sondern eine Kombination: »Zuckerbrot und Peitsche«. Mit dem In-Aussicht-Stellen der *Belohnung* pfleg mehr oder weniger verdeckt *zugleich eine Strafandrohung* gegeben zu werden für den Fall, dass die Belohnung nicht wirkt.

Das *Zensurensystem* ist vielleicht das einfachste und für diese Fälle charakteristischste Beispiel. Die gute Zensur hat den Charakter einer Belohnung, die schlechte den einer Strafe, und die Gesamtsituation ist so, dass *notwendig* entweder Lohn oder Strafe eintritt. Sieht sich ein Kind einer unangenehmen Schulaufgabe gegenüber, die zensiert wird, so geht die Tendenz, die Aufgabe möglichst gut zu lösen, zugleich auf den negativen Aufforderungscharakter einer schlechten Zensur und auf den positiven Aufforderungscharakter einer guten Zensur zurück (Abb. **24**).[1]

Diese gleichzeitige Angst vor Strafe und Hoffnung auf Lohn ist für sehr viele derartige Situationen charakteristisch.

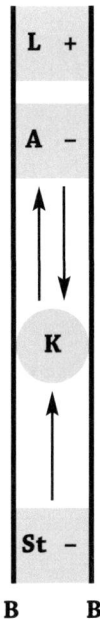

B   B

---

[1] Aus dem Grund sieht sich ein junger Mensch, der wegen seiner Herkunft, seines Familienhintergrunds oder einer mangelnden Begabung keine Aussicht auf Schulerfolg hat, von der Staatsgewalt allerdings gezwungen wird (Barriere!), eine Schule zu besuchen, mehr oder weniger genötigt zur »Umwertung der Werte«, also zur Annahme entweder des Images des Versagers oder des Bösewichts. – Die Anwendung der *Lewin*'schen Theoreme *Umgehungstendenz* und *Umwertung* auf gesellschaftspolitische Fragen fundiert eine genuine Kritik am Zwangscharakter aller Politik. Lösungen, die den Zwang der Staatsgewalt bemühen, sind nur so lange rational, wie nicht einberechnet wird, dass es die Umgehungs- und Widerstandstendenz gibt, die die Maßnahme entwerten und zu Exzessrepression führen müssen.

Legende:
+   positive Valenz
–   negative Valenz
A   Aufgabe
B   Barriere (gegen Umweg)
K   Kind
L   Lohn
St   Strafe
siehe auch ⬚ S. 97

[»Erhaltet das Kind einzig in der Abhängigkeit von den Dingen, dann werdet ihr in seiner Erziehung dem Gesetz der Natur gehorcht haben. Setzt seinen unvernünftigen Wünschen nur natürliche Widerstände entgegen oder Bestrafungen, die aus seinen Handlungen selbst entstehen und deren es sich bei wiederkehrender Gelegenheit erinnert; ohne ihm zu verbieten, Böses zu tun, genügt es, es daran zu hindern. Allein Erfahrung oder Unvermögen sollen die Stelle des Gesetzes einnehmen.« *Emile*, aus dem 2. Buch.

»Der Wert dessen, was Emil schafft, soll nicht durch den Hersteller, sondern durch das Werk bestimmt werden. Wir dulden es nicht, dass man seine Arbeit anders als im Vergleich mit der eines guten Meisters beurteilt. Seine Arbeit soll durch die Arbeit gewürdigt werden, nicht, weil er sie geleistet hat. Hat er etwas gut gemacht, so sagt: ›Das ist eine gute Arbeit‹; aber fügt nicht hinzu: ›Wer hat sie denn gemacht?‹ Sagt er von sich aus mit stolzer selbstzufriedener Miene: ›Das habe ich gemacht‹, dann fügt kühl hinzu: ›Du oder ein anderer, das ist gleich; es bleibt eine gute Arbeit.‹« Aus dem 3. Buch.][1]

Jean-Jacques *Rousseau* problematisiert Strafe und Lohn als erzieherische Mittel.

[1] Jean-Jacques *Rousseau*, Emile oder Über die Erziehung (1762), Stuttgart 1963, S. 197f, S. 424. Diese beiden Zitate füge ich hier ein, um anzudeuten, dass Strafe ebenso wie Lohn als Methoden außersachlicher Steuerung kindlichen Verhaltens mit erzieherischem Anspruch zu problematisieren eine Tradition hinter sich weiß.

IV. Verbot mit Strafandrohung

Wir haben bisher die Fälle besprochen, wo das Androhen einer Strafe oder das In-Aussicht-Stellen eines Lohnes den Zweck hat, das Kind zur *Ausführung* einer bestimmten Handlung, zum Beispiel zur Durchführung einer Aufgabe zu veranlassen. Wir wollen jetzt noch kurz auf die Topologie der Fälle eingehen, wo nicht ein Gebot, sondern das *Verbot* einer vom Kind gewünschten Aktion durch Lohn oder Strafe gesichert werden soll. Wir besprechen zunächst das Verbot mit *Strafandrohung*.

Es[1] gibt Fälle von Strafandrohung, bei denen man ebenso gut von einem Gebot wie von einem Verbot sprechen kann. Wird dem Kinde etwa Strafe angedroht, falls es sich bei einem bestimmten Lehrer nicht »anständig« benimmt, so liegt vom Kinde her gesehen in der Hauptsache zunächst ein Verbot gewisser ungehöriger Handlungen vor (Lachen, Frechsein usw.). Darüber hinaus erwartet man vom Kinde eine Reihe gutwilliger positiver Verhaltensweisen (es liegt also ein Gebot vor), und ein gewisses Minimum solcher Verhaltensweisen ist auch zur Erfüllung des Verbotes nicht zu umgehen. Obschon man also die vorkommenden Fälle nicht immer eindeutig einer bestimmten Gruppe zuordnen kann, ist es zur Aufklärung der psychologischen Dynamik doch zweckmäßig, von gewissen Grundfällen auszugehen.

Gebot und Verbot als unscharfe Kategorien.

---

1 Im Original steht dieser Absatz in [eckigen] Klammern; beim Schriftbild unterscheidet er sich etwas vom übrigen Text, könnte demnach eine spätere Hinzufügung sein. In der englischen, von *Lewin* autorisierten Übersetzung (in: A Dynamic Theory of Personality, 1935) wird der Absatz ohne Klammern wiedergegeben.

IV. Verbot mit Strafandrohung

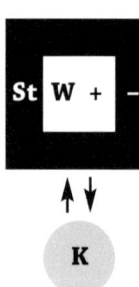

Legende:
+ positive Valenz
– negative Valenz
K Kind
St Strafe
W Wunschziel

Das Kind sieht sich einem Wunschziel gegenüber, also einem positiven Aufforderungscharakter. Soll der negative Aufforderungscharakter als Gegenkraft wirken, so wird er in der *gleichen* Richtung liegen müssen, wie das Wunschziel. Es entsteht also eine Konfliktsituation vom Typus 3 (vgl. ⊟ S. 29 [das Individuum steht einem positiven und einem negativen Aufforderungscharakter gegenüber]), ähnlich wie nach dem In-Aussicht-Stellen einer Belohnung bei einem Gebot. Es liegt daher nahe, die Situation in Analogie zu Abb. 21 oder 22 wiederzugeben (vgl. S. ⊟ 80-81): Vor das Wunschziel (W) wäre als Gegenkraft die Strafandrohung zu setzen (Abb. **25**).[1]

Das Verhalten der Kinder spricht dafür, dass die Situation bis zu einem gewissen Grade tatsächlich diesen Charakter bekommt. Wenn z. B. ein zweijähriges Kind, dem man verboten hat, im Garten Blumen abzureißen, sich verlangend vor eine Blume stellt und dann mit dem Finger drohend zu sich: »Nein, nein« sagt, so macht ein solches Verhalten den Eindruck, als ob die Strafandrohung wirklich als Barriere dem Wunschziel vorgelagert ist. Trotzdem steht die Strafe nicht so vor dem Wunschziel, wie die unangenehme Aufgabe vor der Belohnung: Die Strafe ist nicht etwas, was dem Erreichen des Wunschzieles zeitlich voraufgeht. Sie ist nicht ein möglicher Weg zum Wunschziel. Sie steht *zeitlich* hinter ihm.[2]

Man kann aber auch nicht ohne weiteres, um diese zeitlichen Verhältnisse wiederzugeben, die Strafe *hinter* dem Wunschziel anordnen gemäß Abb. **26**. Denn das würde bedeuten, dass das

---

1 [Fußnote von **Lewin:**] In Abb. 25 wird die Topologie analog [zu] Abb. 22 wiedergegeben. Eine Darstellung gemäß Abb. 21 wäre diesmal weniger adäquat [s. ⊟ S. 80f].
2 Der Wechsel von der räumlichen in die zeitliche Ebene ist dynamisch vermutlich unvermeidlich; kategorial aber stellt er durchaus ein Problem für die Topologie dar.

88

Wunschziel ohne weiteres von dem Kinde zu erreichen ist, und das Kind nach Erreichung des Wunschzieles sich wieder frei fortbewegen kann. In Wirklichkeit ist das Kind, wenn es die Wunschhandlung ausführt, damit auch der Strafe verfallen. Hat es sich ins Feld der Wunschhandlung begeben, so ist es rings von der Strafe umgeben. Man kann die Situation *nach* dem Hineingehen in die Wunschhandlung (2. Phase) topologisch also durch Abb. **27** wiedergeben. Das Kind sitzt in einem Käfig, aus dem es auf jede Weise herauszukommen sich bemüht.

Noch[1] nicht wiedergegeben ist die darüber hinausgehende Tatsache, dass das Kind sich nicht dadurch vor der Strafe retten kann, dass es im Felde des Wunschzieles verweilt. (Solche Versuche sind bisweilen zu beobachten.) Die Strafe ist hier nicht eine Barriere, die das Kind von dem Übergang zu einer anderen Handlung abhält (einem solchen Übergang steht in der Regel nichts im Wege). Sondern die Strafe kommt, ohne dass das Kind sich in einer bestimmten Richtung zu bewegen braucht, auf das Kind zu.

Für die Situation des *Verbotes* mit Strafandrohung ist also eine gewisse *Wandlung* der Topologie der Situation charakteristisch. Das Kind sieht auch *vor* der Tat (1. Phase) zwischen sich und dem Wunschziel ein Hindernis, die Strafandrohung (D,[2] Abb. **28**). Dieses Hindernis unterscheidet sich jedoch wesentlich von den Barrieren, mit denen wir es bisher zu tun hatten. Es ist »im Grunde« ohne jede Schwierigkeit und Unannehmlichkeit zu passieren. Die Barriere stellt nicht die wirkliche, reale Strafe dar, sondern *spiegelt*

---

1 Dieser Absatz ist im Original in Petit gesetzt.
2 Bei *Lewin* steht in dieser Grafik »St-Andr.«, was Abkürzungen, die mathematische Operationalität suggerieren, widerspricht. – Übrigens, auch beim Gebot diskutiert *Lewin* die Wirkung einer *Drohung*, nicht einer vollzogenen Strafe (⊟ S. 76, Fn. 1).

2. Phase

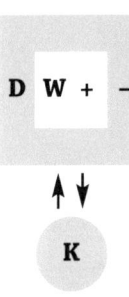

1. Phase

Legende:
+ positive Valenz
– negative Valenz
D Drohung (mit Strafe)
K Kind
St Strafe
W Wunschziel
siehe auch ⊟ S. 91. Abb. 28a

nur eine Barriere *wieder*, die erst nach dem Hineingehen in die Wunschhandlung Realität gewinnen wird. Die Barriere ist also in der ersten Phase wie alles Zukünftige und alles, dessen Eintritt noch nicht sicher ist, noch mehr oder weniger irreal.[1]

Beim *Gebot* mit Strafandrohung ist häufig ein bestimmter Termin gesetzt, bis zu dem das Gebot ausgeführt werden muss.[2] Das ist, wie wir sahen, nur ein Ausdruck des Zwangscharakters der Situation, der Tatsache also, dass das Kind von einer Barriere rings umgeben ist (Abb. **10** [▣ S. 32]). Beim *Verbot* mit Strafandrohung braucht eine solche zeitliche Begrenzung nicht zu bestehen. Der Zwangscharakter ist im allgemeinen geringer.[3] Das Kind behält seine Bewegungsfreiheit mit Ausnahme des bestimmt umgrenzten Bezirks der verbotenen Handlung. Der *Zwangscharakter* der Verbotssituation steigert sich jedoch, wenn dieser verbotene Bezirk sehr groß wird oder wenn ein zentraler

Unterschied zwischen Ge- und Verbot.

Zeitdimension der Gebote:
1. terminiert
2. bedingt (wenn x, dann y)
3. regelmäßig

---

1 [Fußnote von **Lewin:**] Über die Bedeutung des Realitätsgrades für die Dynamik der Handlung vergleiche *Hoppe*, a. a. O., und T. *Dembo*, a. a. O. [S. 14f, Fn. 1]. – Dass die Irrealität des Zukünftigen psychologisch nicht ganz die gleiche Stellung hat wie die Irrealität eines Gedankens oder eines Traumes, lasse ich hier unberücksichtigt.

2 [Fußnote von **Lewin:**] Oder es handelt sich ~~nicht~~ um ein bedingtes Gebot, nämlich um das Gebot einer bestimmten Handlung bei Eintritt bestimmter Bedingungen (z. B.: »wenn jemand kommt, musst du schön Guten Tag sagen«). [Das *nicht* ist m. E. falsch; dies zeigt die englische Übersetzung. | Als weitere Möglichkeit hinzuzufügen wären Gebote mit Regelmäßigkeit: »Du musst jeden Tag an der Geige üben.«]

3 Ein aktuelles Beispiel aus dem Bereich der Erwachsenen: Das Verbot, einem ungesundem Laster wie dem Rauchen zu frönen, ist lange nicht so einschneidend wie das Gebot, sich gesund zu ernähren. Um dem Gebot zu folgen, muss man sich unaufhörlich informieren, seinen Tageablauf, seine Einkäufe ebenso wie seine Essenszubereitungen darauf hin ausrichten. Im Bereich »schulpflichtiger« Kinder ist das Gebot, die Schule zu besuchen und deren Aufgaben zu erledigen, sicherlich der höchst mögliche Eingriff in die Freiheit (verbunden mit dem indirekten Verbot, sich den Dingen zuzuwenden, für die ein eigenes Interesse besteht).

Lebensbereich getroffen wird (wenn z. B. der Verkehr mit dem lieben Freund oder die Lieblingsbeschäftigung verboten wird).[1]

Exkurs über den Realitätsgrad der Strafe [und des Lohnes]
Der *Realitätsgrad* von Strafe und Lohn spielt ganz allgemein eine große Rolle für das tatsächliche Verhalten des Kindes. Dieser Realitätsgrad hängt von einer ganzen Reihe von Faktoren ab; vor allem von dem Grad der Sicherheit,[2] mit der das Kind auf die Strafe bzw. den Lohn rechnet (also von der tatsächlichen Macht des Erwachsenen, seiner Mitleidslosigkeit u. a.), vom Charakter und dem momentanen Zustand des Kindes (z. B. von seiner Verträumtheit und dem Realitätsgrad seines Weltbildes).[3] Ich entsinne mich recht genau daran, dass für mich, der ich zu Hause Schläge nicht kannte, die Prügelstrafen mit dem Rohrstock in der Schule immer etwas im Grunde Unfassbares und Irreales hatten,

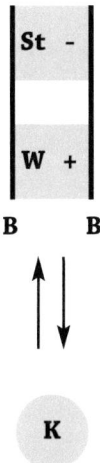

Legende:
+   positive Valenz
–   negative Valenz
B   Barriere (Aufsicht)
   Weder Drohung *noch* Strafe
   umzäunen »W«, vielmehr
   die Aufsicht; d. h. erst durch
   Aufsicht wirkt Strafdrohung
   abschreckend.
K   Kind
St   Strafe
W   Wunsch
n. b.: Diese Grafik findet sich
bei *Lewin* nicht.

---

1 In Abb. 26 (⊟ S. 88) »unterlässt« *Lewin* es, die Barriere aus Abb. 21 (⊟ S. 80) einzuzeichnen und nennt es »weniger adäquat«, hier von einer Barriere auszugehen. Und doch scheint sie mir gerade in dieser Situation bedeutsam zu sein: Die Barriere verhindert, dass das Kind nach dem Tun des Verbotenen sich frei bewegen kann, bevor es die Strafe empfangen hat; nur so ist es überhaupt durchzusetzen, dass das Verbot eingehalten wird (außer es liegt Einsicht vor und dann ist es kein Verbot mehr): Eine solche Barriere stellt zum Beispiel *Aufsicht* dar. Das ist auch die Form der Barriere, die weiterhin bestimmend bleibt, nämlich mittels Sicherheitspersonal, Polizei, Videoüberwachung oder auch nachbarschaftlicher Wachsamkeit.
2 Gewissheit.
3 Merkwürdigerweise diskutiert *Lewin* weder hier noch an einer anderen Stelle eine Schwierigkeit der Zumessung von Lohn oder Strafe, nämlich die Bestimmung, ab welchem Grad der Aufgabenerfüllung oder Einhaltung eines Verbotes der Lohn gezahlt oder die Strafe ausgeführt wird. Das Kind hat fast alle, aber nicht alle Rechenaufgaben gelöst. Das Kind hat den Lehrer weit weniger als zuvor geärgert, dennoch hin und wieder einmal einen Streich gespielt. Steht der ausgelobte Lohn oder die angedrohte Strafe nun zu oder nicht?

obschon sie keineswegs seltene Ereignisse waren; die Irrealität war so stark, dass, als ich selbst einmal daran glauben musste, die Situation für mich ganz von Erstaunen erfüllt war. Staunend konstatierte ich den heftigen Schmerz der einzelnen Schläge, ohne dass ich – zur Verwunderung des Lehrers – weinte.[1]

Wie wesentlich der Realitätsgrad der Strafe ist, zeigt sich vor allem darin, dass Kinder, die schon eine Strafe durchgemacht haben, sich bei Wiederholung der Strafandrohung meist wesentlich anders verhalten als Neulinge. Die Ursache dafür, dass »gebranntes Kind das Feuer scheut«, dass jemand, der hart gestraft ist, weniger Rückgrat gegenüber einer neuen Strafandrohung zu zeigen pflegt, ist also nicht nur in einer »assoziativen Koppelung« größerer Unlust zu suchen. Viel wesentlicher dürfte die *Steigerung des Realitätsgrades* der Strafe sein, die Wandlung der Strafe aus einer bloß »gedachten«, »möglichen«, in einer Irrealitätsebene liegenden Angelegenheit in einen Teil der Realitätsebene der Welt. Dass eine solche Wandlung des Realitätsgrades der Strafe nicht immer zu einer Erhöhung der Furcht vor Strafe, sondern evtl. zu einer Bagatellisierung führt und zu einem Ablösen von der früheren Ideologie, haben wir bereits erörtert [⊡ S. 51]. Das Herabsteigen aus einer Irrealitätsebene in die Realitätsebene macht die Dinge eben nicht nur härter, sondern zugleich nackter und in ihrem Ausmaß überschaubarer, simpler.

Für alle Lohn- und Strafsituationen, die wir erörtert haben, ist eine gewisse *Wandlung* des Realitätsgrades im Zeitverlauf zu beob-

Steigerung
des Realitätsgrades.

---

1 Interessantes Beispiel auch, weil man gemeinhin umgekehrt annehmen würde, dass ein Kind, das bei Schlägen nicht weint, »abgebrüht« sein und von Zuhause Schläge gewohnt sein müsse (entsprechend der von *Lewin* sog. »Ablösung von der früheren Ideologie«, derzufolge die Strafe eine soziale oder persönliche Schande ist).

92

achten. Das zeitliche Näherrücken lässt die Strafe, meist aber auch die Unannehmlichkeit der Aufgabe, realer werden. Die Ereignisse der Zwischenzeit – zum Beispiel: dass der Erwachsene ein anderes Kind straft; dass das Kind von irgendwelchen Strafen hört; dass etwas eintritt, was den Erwachsenen besonders gefährlich oder ungefährlich erscheinen lässt – können zu plötzlichen Verschiebungen des Realitätsgrades der Strafe oder der Unannehmlichkeit der Aufgabe führen. Solche Verschiebungen pflegen eine wesentliche Rolle für die Art und für den Zeitpunkt der Entscheidung des Kindes zu spielen. Unterscheiden sich der Realitätsgrad von Strafe und Aufgabe zu sehr, so kommt es in der Regel überhaupt nicht zu einer ausgesprochenen Konfliktsituation.[1]

Bei einem *Gebot* mit Strafandrohung pflegt es im Falle einer Nicht-Ausführung der Aufgabe die Strafe zu sein, die zunächst immer näher heranrückt und solange an Realitätsgrad gewinnt, bis das Gebot befolgt wird. In der zuletzt besprochenen Situation des *Verbotes* mit Strafandrohung ist die Strafe zunächst typisch eine Postfestum-Angelegenheit, zumal dann, wenn das verbotene Wunschziel (etwa die lockende Nascherei) gegenwärtig ist und damit einen sehr viel höheren Realitätsgrad besitzt (»Gelegenheit macht Diebe«). Für diese Situation ist es also charakteristisch, dass natürlicher Weise ein relativ großer Unterschied des *Realitätsgrades* zwischen dem positiven und dem negativen Aufforderungscharakter besteht. Hierin liegt für das Kind häufig die Hauptschwierigkeit für das Standhalten gegenüber der Lockung.

Verlockung und Strafdrohung von unterschiedlichem Realitätsgrad auf der Zeitachse.

---

1 [Fußnote von **Lewin:**] Wir erinnern daran, dass es zu den Voraussetzungen des Entstehens einer eigentlichen Konfliktsituation gehört, dass die Stärke der entgegengesetzten Vektoren ungefähr gleich ist (vgl. ▣ S. 24 [Konflikttyp 2: Die Person steht zwischen zwei ungefähr gleich starken negativen Aufforderungscharakteren]).

Mit[1] der Zukünftigkeit einer Strafe relativ zur Wunschbefriedigung hängt es zusammen, dass die Wirksamkeit einer solchen Strafandrohung eine gewisse *intellektuelle* Reife voraussetzt. Das Kleinkind lebt in einer Umwelt, die nicht nur räumlich, sondern auch zeitlich sehr wenig ausgedehnt ist. Die Geschehnisse, die in Richtung der Vergangenheit und Zukunft überblickt werden und die als Teile der psychischen Momentansituation das Verhalten des Kindes bestimmen, entwickeln sich in den ersten Lebensjahren von zunächst ganz geringen Zeitspannen aus. Erst wenn eine genügende Zeitspanne für die Gegenwart des Kindes psychologische Realität besitzt, kann eine Strafandrohung auf Grund einer solchen Topologie wirksam werden.[2]

Strafandrohung mit einem paradoxen Effekt: Steigerung der Verlockung.

Mit der natürlichen Verschiedenheit des Realitätsgrades von Wunschzielen und Strafe dürfte es auch zusammenhängen, wenn gerade in dieser Situation sich eine allgemeine Eigentümlichkeit der Strafandrohung besonders häufig bemerkbar macht: *durch die Strafandrohung* kann eine für das Kind zunächst neutrale Angelegenheit einen *positiven* Reiz bekommen.[3] Entsprechende

---

1 Dieser Absatz ist im Original in Petit gesetzt.

2 [Fußnote von **Lewin:**] Wir werden (⧉ S. 106f) noch eine andere Art möglichen Wirksamwerdens der Strafe besprechen. [Mit dieser Hinzunahme der Zeitdimension lässt sich unter Umständen der ⧉ S. 57 angemerkte Widerspruch lösen: Die barrierelose Zwangssituation umfasst die ganze Zeit des Kindes, die mit Barriere greift nur zeitlich begrenzt ein, wenngleich zu solchen Zeiten die Zwangscharaktere der beiden Situationen ähnlich gelagert sind.]

3 [Fußnote von **Lewin:**] Ich meine hier nicht die Fälle, wo die Strafe als solche einen positiven Reiz hat. [Sadomasochismus? In *Rousseaus* »Bekenntnissen« findet sich die Stelle, wo er beschreibt, dass die *Schläge* der Ziehmutter aufs bloße Hinterteil seine ersten Erinnerungen an sexuelle Erregung markieren. Jean-Jacques *Rousseau*, Bekenntnisse (verfasst 1765-1770, erschienen sind posthum der erste Band 1782 resp. 1789 der zweite Band), Frankfurt/M.1961, S. 15.]

gegenläufige Wandlungen des Aufforderungscharakters lassen sich auch bei Geboten beobachten. Diese Vorgänge hängen eng mit dem Phänomen des Trotzes zusammen. Hier dürfte ein sehr fundamentaler psychologischer Sachverhalt vorliegen, auf den ich jedoch nur soweit eingehen möchte, als er die Topologie der Situation berührt.

Das Verbot nimmt einen bestimmten Bezirk aus dem Lebensraum des Kindes heraus, indem es diesen Bezirk mit einer Barriere umgibt. Es schränkt den freien Bewegungsraum des Kindes an einer Stelle ein. Damit geschieht ein Eingriff in den Machtbereich des Kindes, der das Kind natürlicherweise zur Gegenreaktion veranlassen muss, zu dem Versuch, sich gegenüber der Machtsphäre des Erwachsenen zu behaupten. Die pervertierende Wirkung der Gebote und vor allem der Verbote für den Aufforderungscharakter einer Sache ist von hier aus als ein Kampf des Kindes um seinen freien Bewegungsraum zu verstehen.[1] So ist auch zu erklären, warum gerade im Alter von 2-3 Jahren Trotzreaktionen besonders häufig sind.[2] Pflegt doch in dieser Zeit eine

Trotz:
Der Kampf des Kindes um Bewegungsraum.

---

1 Auf ⬚ S. 90 hingegen hält *Lewin* fest, der Zwangscharakter bei Verbot sei »im allgemeinen geringer« als der des Gebots; drum ist hier das »vor allem« irritierend. Es könnte sein, dass *Lewin* es bloß auf die pervertierende Wirkung und nicht auf den Grad der Freiheitsberaubung bezogen wissen wollte.

2 [Fußnote von **Lewin:**] Charlotte *Bühler* spricht von einem Trotzalter. Die der Trotzreaktion zu Grunde liegenden Vorgänge, die naturgemäß durch das Alter der Kinder an sich nicht zu erklären sind, dürften sehr allgemeiner Natur sein. Unsere Beobachtungen und experimentellen Untersuchungen an Säuglingen scheinen dafür zu sprechen, dass die Trotzhandlung nur die Auswirkung eines allgemeinen psychologischen Gesetzes speziell auf sozialem Gebiet darstellt, eines Gesetzes, dass dem Satz [der *Newton*'schen Physik] »actio gleich reactio« äquivalent ist. [Ist hiermit eine bloße Analogie angedeutet, oder war *Lewin* davon ausgegangen, psychische Kräfte ließen sich tatsächlich mit gleicher Bestimmtheit messen wie physische Kräfte?]

besonders ausgeprägte Stabilisierung des sozialen Ichs des Kindes stattzufinden, die sich zum Beispiel auch in der Entwicklung des Eigentumsbegriffs zeigt.

Dem *Grad ihres Zwangscharakters* nach ist die Situation der Strafandrohung beim Verbot dem In-Aussicht-Stellen einer Belohnung beim Gebot verwandt. Das Kind behält wiederum im Großen und Ganzen seine Bewegungsfreiheit und nur *ein* bestimmter Bezirk, eben der des Wunschzieles, wird abgekapselt. Immerhin dürfte der Zwangscharakter beim Verbot mit Strafandrohung, wenn man nicht das Geschehen im Kleinen, sondern die umfassende Gesamtsituation in Betracht zieht, etwas ausgeprägter sein. Denn die Tatsache, dass das Gesamtfeld durch den Erwachsenen beherrscht wird, dürfte im allgemeinen stärker in den Vordergrund treten.[1]

---

[1] Die Hierarchie des Zwangscharakters lautet demnach wie folgt: 1. Gebot mit Strafandrohung, 2. Verbot mit Strafandrohung, 3. Gebot mit Aussicht auf Belohnung und 4. Verbot mit Aussicht auf Belohnung; wobei die letzte Form aufgrund ihres geringen Zwangscharakters nur in Situationen auftritt (bzw. nur in solchen Situationen wirksam ist), wo das Ziel vom Kind eigentlich geteilt wird, z. B.: Wenn du am Wochenende Klavier übst (obwohl du eigentlich lieber baden gehen würdest), bekommst du dies oder jenes. So etwas zieht eben bloß dann, wenn das Kind sich mit dem Ziel, Klavier spielen zu können, im Prinzip identifiziert. – Bei der »pervertierenden Wirkung auf den Aufforderungscharakter« allerdings steht das Verbot mit Strafandrohung an der Spitze: Das Verbot mit Strafandrohung lässt das Verbotene als geradezu reizvoll erscheinen, denn andernfalls müsste es nicht verboten werden. – *Lewins* inspirierende Gedanken lassen noch viel Spielraum für vektorpsychologische Systematisierung.

V. Verbot mit Aussicht auf Belohnung

Die Situation, in der ein In-Aussicht-Stellen einer Belohnung für ein Unterlassen in Frage kommt, ist ziemlich spezieller Natur. Es handelt sich *immer* darum, dass eine Belohnung versprochen wird, falls *innerhalb einer gewissen Zeit* eine Handlung nicht ausgeführt wird. Diese Handlung kann entweder direkt locken (z. B. das Naschen) oder sie lässt sich aus irgend welchen anderen Gründen nur durch eine besondere Anstrengung vermeiden. Gegen Bettnässen z. B. versucht man nicht selten mit Belohnungen anzugehen; einem Geschwisterpaar, das sich häufig zankt, verspricht man eine Belohnung, falls es sich eine Zeitlang vertragen hat.

Die Situation ist also durch einen positiven Aufforderungscharakter oder einen äquivalenten Druck auf ein *bestimmtes* Verhalten *hin* gekennzeichnet. Ein zweiter vom Erwachsenen gesetzter Aufforderungscharakter, der Lohn, soll das Kind von einer Aktion in Richtung des ersten Aufforderungscharakters abhalten. Es besteht eine *Konfliktsituation vom Typus 1* ([zwischen zwei positiven Aufforderungscharakteren] Abb. 7, ◀ S. 28).

Allerdings liegen die Verhältnisse selten so einfach. Meist steht nicht nur eine Belohnung für das Unterlassen, sondern auch eine Strafe für das Tun in Aussicht. Überdies pflegt mit fortschreitender Zeit der erste Aufforderungscharakter an Stärke zu gewinnen. Es ist meist leicht, eine kurze Zeit hindurch, aber schwer, eine lange Zeit hindurch standhaft zu bleiben. Ein besonders einfaches Beispiel, das zugleich die Topologie für eine ganze Reihe ähnlicher Situationen wiedergibt, ist folgendes: Ein Kind,

Kombination von Lohn und Strafe, ◀ auch S. 85.

97

Abbildung **29**

V. Verbot mit Aussicht auf Belohnung

Z +

R_4)

R_3)

R_2 +)

R_1 +)

K

das schwimmen lernt, versucht, das ganze Becken entlang zu schwimmen mit dem Ziel »100 m schwimmen«, ein Ziel, dass das Kind außerordentlich lockt. Am Rande des Schwimmbeckens sind in gewissen Abständen Griffe angebracht, an denen man sich festhalten kann. An ihnen hat das Kind sich bei den früheren Schwimmversuchen ausgeruht. Es kommt für das Kind jetzt darauf an, an all diesen lockenden Stützpunkten vorbei bis zum Ende des Bassins zu schwimmen.

Die Topologie der psychischen Situation entspricht in diesem Fall recht gut der physiko-geographischen: Das Kind wird von dem jeweils nächsten vorausliegenden Ruhepunkt (R) angezogen, während in der Ferne zugleich das hohe Ziel »100 m schwimmen« (Z) lockt (Abb. **29**). Mit der zunehmenden Schwierigkeit der Aufgabe (der zunehmenden Ermüdung des Kindes) wird die Gefahr immer größer, dass das Kind der Anziehung des nächsten Stützpunktes unterliegt (Abb. **30**).

Von einer gewissen Entfernung[1] ab pflegt allerdings auch die Lockung des Endzieles mit der Annäherung stärker zu werden. Das Geschehen endet verschieden, je nach dem Kräfteverhältnis der Vektoren und dem Zustand des Kindes.[2]

---

1 Ab einer gewissen *Verringerung* der Entfernung pflegt … (Um diesen wichtigen Aspekt der Motivationssteigerung zu verdeutlichen, sobald das Ziel nahe vor Augen ist, habe ich die Abb. **30a** hinzugefügt; solche Steigerung tritt nur dann ein, wenn das Ziel zumindest keine *stark* negative Valenz hat).

2 Dieser Absatz ist im Original in Petit gesetzt. Die beiden Sätze dieses Absatzes sind weder eine (methodologische) Nebenbemerkung noch ein Beispiel, vielmehr ein wichtiger Beitrag zum Hauptgang der Argumentation, sodass insgesamt eine Systematik der in Petit gesetzten Absätze kaum zu erkennen ist. In der englischen Übersetzung des Textes von 1935, die *Lewin* abgesegnet hat, wurde diese Unterscheidung zwischen zwei Schriftgrößen allerdings ebenfalls gemacht.

Legende:
+ positive Valenz
K Kind
R Halteringe am Beckenrand
Z Ziel (»100 m schwimmen«)
n. b.: Grafik 30a findet sich bei *Lewin* nicht.

Auch wenn man eine Belohnung dafür aussetzt, dass das Kind eine bestimmte Handlung eine gewisse Zeit hindurch unterlässt, pflegt man für diese Zeitdauer mit einer Reihe von Verlockungen zum Übertreten des Verbotes zu rechnen. Das Kind erhält die Belohnung, wenn es ähnlich wie im Beispiel des Schwimmens an allen diesen Lockungen glücklich vorbeisteuert.[1]

[Dieser Abschnitt scheint mir von *Lewin* besonders wenig ausgearbeitet und systematisiert worden zu sein, sei es, dass es eine Umfangsbeschränkung gab, sei es, dass ihm die Zeit gefehlt hat. Aus dem Grunde habe ich diese Stelle ergänzt durch die Abb. 30a und 30b, um anzudeuten, in welche Richtung meines Erachtens eine weitere Beschäftigung mit dem Thema gehen könnte; das halte ich auch darum für nützlich, da Strafen bei der Erziehung in Verruf geraten sind – nicht, dass sie wirklich abgenommen hätten, aber man spricht nicht darüber, oder der Strafende fühlt Scham und ein »schlechtes Gewissen« –, demgegenüber die Belohnung als gangbare Alternative erscheint. Aber sie ist ebenfalls problematisch und auch funktional nicht äquivalent. Den Stein des Weisen bietet *Lewin* nicht, jedoch ein Instrumentarium einer sinnvollen Analyse.]

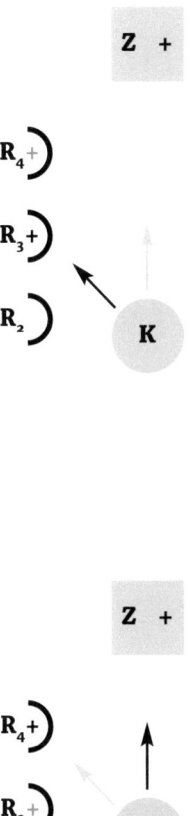

---

1 Es ist auch topologisch gut darstellbar, weshalb ein »Verbot mit Aussicht auf Belohnung« selten Aussicht auf Erfolg hat, sofern das Kind mit dem Ziel nicht im Grundsatz einverstanden ist und durch das Verbot nur an Ablenkung oder dem Erliegen einer Verlockung gehindert werden soll: Das Verbot, den Lehrer zu ärgern, zu naschen (zu rauchen, Alkohol zu trinken) usw., wird, je länger diese gewünschte Aktivität unterlassen wurde und hinter der Person liegt, um so verlockender, demgegenüber die auf die Unterlassung gesetzte Belohnung immer weiter verblasst. Um weiter wirksam zu sein, muss die Belohnung ständig gesteigert werden, bis der Punkt erreicht ist, wo dann keine realistische Belohnung mehr in der Lage ist, vom Tun abzuhalten. Abb. **30b**, 🡒 S. 100.

V. Verbot mit Aussicht auf Belohnung

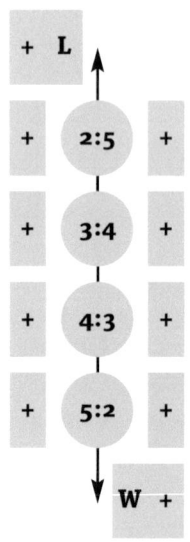

Legende:
+ positive Valenz
L Lohn (bei Unterlassen von W)
W Verboten (aber Wunsch)
n. b.: Diese Grafik findet sich
bei *Lewin* nicht.

[Ich stelle die Topologie eines Verbotes mit Aussicht auf eine Belohnung, wenn die betreffende Person sich nicht mit dem Ziel identifiziert, das in Rede stehende Tun zu unterlassen, vielmehr dieses Tun ein Wunschziel bleibt, auf einer Zeitachse dar, die eine andere Form von *Buridans* Esel (s. ◄❚ S. 28) ist: Das Individuum steht zwischen zwei positiven Aufforderungscharakteren; diese sind allerdings nicht gleich. Zunächst ist die Belohnung höchst attraktiv und überflügelt das Tun (Verhältnis 5 : 2). Je weiter die Zeit fortschreitet, um so ungünstiger wird das Verhältnis für die Einhaltung des Verbotes: um so lockender wird das verbotene, aber erwünschte Tun. Nochmals: Diese Überlegung trifft in der Form nur zu, falls die Person (das Kind) sich mit dem Unterlassen des Tuns nicht im Prinzip identifiziert.

Nach erhaltenem Lohn wäre das Verhältnis der Valenz zum Wunschtun dann 1 zu 6, sodass es einer unermesslichen neuen Lohnaussicht bedürfte, um ein weiteres Ablassen vom Tun zu gewährleisten. Umgekehrt nimmt die Attraktivität des Lohnes zu, wenn das gewünschte Tun ersteinmal ausgeführt ist. Das sind die berühmten »Gewissensbisse«: »Ach, hätte ich doch ...«[1]

Die Quantifizierung ist dabei pseudoexakt. Vermutlich ist eine Quantifizierung der Vektoren nur sehr schematisch möglich und sehr viel schwieriger, als *Lewin* es sich anfangs gedacht hatte. Mir ist kein Versuch von ihm bekannt, seine Formeln so mit Zahlen zu füllen, wie es etwa die physikalischen Formeln erlauben. Mit dieser Überlegung bewegen wir uns auf einem Feld, das über die Würdigung des vorliegenden Essays hinaus weist.]

---

1 Schlechtes Gewissen ist, wir wissen es von Friedrich *Nietzsche*, wahrlich schlecht und seine Bisse sind bösartig.

VI. Lohn, Strafe und echte Wandlung des Interesses

Nach unseren allgemeinen Überlegungen über die Struktur der Situation bei Lohn und Strafe liegt sowohl pädagogisch wie psychologisch folgende Frage nahe: Wir haben früher davon gesprochen, dass die Verwendung von Lohn und Strafe dann akut wird, wenn ein Verhalten gewünscht wird, zu dem keine natürliche Neigung besteht. In einem solchen Falle gibt es nun neben Lohn und Strafe eine dritte Möglichkeit, das gewünschte Verhalten herbei zu führen, nämlich das *Erwecken* eines Interesses, das Erzeugen einer Neigung. Diese Möglichkeit wird von der modernen[1] Pädagogik besonders betont. Es fragt sich, wie diese Situation in psychologischer Hinsicht zu kennzeichnen ist. Eine eindringende Erörterung dieser wichtigen und auch theoretisch sehr interessanten Frage würde einen weiten Raum verlangen. Hier muss ich mich auf wenige Bemerkungen beschränken.

Interessewecken als pädagogische Alternative?

Das Interesse für einen bisher nicht interessierenden Gegenstand oder ein Verhalten kann auf mannigfache Weise geweckt werden, z. B. durch ein Vorbild; dadurch, dass man die Aufgabe in einen anderen Zusammenhang hineinstellt (etwa das Rechnen in Form eines Verkaufsspiels durchführt) und durch ähnliches mehr. Nicht selten hängt das Interesse an einem Gegenstand an der Person eines bestimmten Lehrers.

Es fragt sich, ob hier wirklich wesentlich andere Situationen vorliegen, als beim In-Aussicht-Stellen von Lohn und Strafe.

---

[1] Das »Erwecken echten Interesses« war, wohlgemerkt, auch das Prinzip, für welches Jean-Jacques *Rousseau* einstand.

101

Zunächst dürfte es – gerade wenn man von psychologischen Gesichtspunkten ausgeht – nahe liegen, z. B. die Situation, in der ein Kind nur deshalb rechnet, weil es gerne Verkaufen spielt, der Lohnsituation gleich zu stellen: Das Rechnen besitzt einen negativen Aufforderungscharakter, aber das dahinter stehende Ziel: »Verkaufsspiel« lasse das Kind rechnen. (Die Situation entspräche dann der Abb. 21, ◧ S. 80.)

Solche Fälle gibt es nun zweifellos. Dann aber ist das psychologisch Wesentliche des dritten Weges, nämlich die *Wandlung* des Aufforderungscharakters der *Sache selbst*, nicht erreicht. Die für die Lohnsituation typische Topologie bleibt erhalten, vor allem deshalb, weil der negative Aufforderungscharakter des Rechnens unverändert fortbesteht und nur *daneben* ein *zweiter* positiver Aufforderungscharakter auftritt. Es hat also im Grunde garnicht eine Wandlung des Aufforderungscharakters des Rechnens stattgefunden.

Von einer Interessenpädagogik im psychologischen Sinne kann erst die Rede sein, wenn es wirklich gelingt, den Aufforderungscharakter der in Frage stehenden Handlung zu ändern.

Es liegt nahe einzuwenden, dass praktisch eine solche Wandlung des Aufforderungscharakters der Sache selbst nur sehr selten zu erzielen ist; dass man jedenfalls immer irgendetwas wird hinzufügen müssen, um die Wandlung des Interesses herbeizuführen. Ohne die großen praktischen Schwierigkeiten zu verkennen, und ohne die Meinung vertreten zu wollen, dass eine solche Wandlung des Aufforderungscharakters immer zu erreichen ist, sei jedoch betont, dass das »Hinzufügen« neuer Moment psychologisch auch eine andere als die eben gekennzeichnete Wirkung haben kann.

Ein psychologisches Fragezeichen hinter pädagogische Binsenweisheiten machen.

Bringt man eine an sich nicht beliebte Tätigkeit mit irgendetwas in Zusammenhang, was das Kind gerne tut, schmückt man etwa die Fibel mit schönen Bildchen, so kann das Angenehme und das Unangenehme unverbunden nebeneinander bestehen bleiben. Es gibt aber auch *Einbettungen* einer Aufgabe oder eines Verhaltens in andere Zusammenhänge derart, dass sich der Sinn der Aufgabe und damit ihr Aufforderungscharakter vollkommen ändert. Ein Kind, das eben eine Speise nicht essen mochte, isst ohne weiteres, wenn der Zwerg auf dem Grund des Tellers ausgegraben wird oder wenn der Löffel als Eisenbahn in die Halle des Mundes fährt. In solchen Fällen wird die ursprüngliche Handlung (das Essen) als motorische Aktion zu einem unselbständigen Teil eines umfassenderen Handlungsganzen (evtl. zu einer bloßen Oberflächlichkeit einer anderen Handlung). Es ist nun eine für die Sinnespsychologie wie für die Handlungs- und Bedürfnispsychologie gleichermaßen grundlegende Tatsache, dass die psychologische Realität und Wirkung solcher unselbständigen Teile primär durch das *Ganze* bestimmt werden.[1] Für die Kinderpsychologie ist dieser Umstand besonders wichtig, weil die größere dynamische Einheitlichkeit der kindlichen Person die Isolierung einer Einzelhandlung weniger leicht zulässt als beim Erwachsenen. Daher ist es beim Kinde besonders wichtig, in welchen seelischen Bereich, in welches Sinnganze das einzelne Geschehen eingebettet ist.

Problematik pädagogischer Manipulationsversuche …

… und die Alternative.

---

1 [Fußnote von **Lewin:**] Literaturangaben findet man bei [Kurt] *Koffka*, Psychologie der optischen Wahrnehmung, in: Handbuch der normalen und pathologischen Physiologie, Berlin 1930, und [Wolfgang] *Köhler*, Gestalt Psychology, New York 1929; als experimentelle Untersuchung speziell über Handlungsganzheiten und Ganzheiten von Bedürfnissystemen ist zu nennen [Gita] *Birenbaum*, Das Vergessen einer Vornahme, [in:] Psych. Forsch., Bd. 13 [1930], Heft 2-3, S. 218[ff].

Dieser Umstand bringt es mit sich, dass die Einbettung einer Einzelaufgabe in einen anderen seelischen Bereich (z. B. Herübernehmen einer Handlung aus dem Bezirk: »Schulaufgaben« in den Bezirk: »Aktion zu einem praktischen Zwecke«) den Sinn und also auch den Aufforderungscharakter der Handlung selbst von Grund auf ändern kann.[1]

Ob das Schaffen eines anderen Zusammenhanges zu einer wirklichen Wandlung des Aufforderungscharakters führt, hängt also wesentlich davon ab, ob dabei ein »summatives« Konglomerat[2] oder eine wirkliche Ganzheit, eine dynamische »Gestalt« entsteht. Zwischen dem summativen Nebeneinander und der vollkommen einheitlichen Ganzheit der »starken Gestalt«, in der die Teile ihre Selbständigkeit völlig verlieren, gibt es alle Übergänge (dynamisch »schwache Gestalten«). Das ist gerade für unser Pro-

Die psychologische Voraussetzung für eine echte Wandlung des Interesses.

---

1 Es fordert ebenso eine Erklärung, wenn ein Herübernehmen nicht klappt. James *Herndon* berichtet von einem Schüler, der nicht einfachste Aufgaben zu rechnen versteht. Zufällig begegnet er ihm auf einer Bowlingbahn, wo er sich etwas verdient, indem er die Punktzahlen von parallel zueinander spielenden Teams blitzschnell zu berechnen und notieren hat. Dies bringt den Lehrer auf die Idee, dem Jungen in der Schule die Rechenaufgaben in Form des Bowlings vorzulegen. Doch wieder versagt der Junge. Der negative Aufforderungscharakter geht nicht, wie der Lehrer zunächst vermutet, vom Rechnen an sich aus, vielmehr von der schulischen Zwangssituation. (»Die Schule überleben«, Stuttgart 1972, S. 120ff.)

2 [Fußnote von **Lewin:**] Vgl. den Begriff der »Und-Summe« bei [Max] *Wertheimer*, [in:] Psych. Forsch., Bd. 1 [1922, »Untersuchungen zur Lehre von der Gestalt«], S. 47, u. Bd. 4 [1923, »Untersuchungen zur Lehre von der Gestalt. II«], S. 301 [die beiden Seitenangaben beziehen sich auf den jeweiligen Beginn der Texte, nicht auf Stellen, an denen von »Und-Summen« die Rede ist; gemeint sind summarische Zusammenstellungen ohne inneren inhaltlichen Bezug zueinander (so z. B. ein Steinhaufen), d. h. der konzeptionelle Ansatz des Assoziationismus, dem die Gestaltpsychologen den Kampf angesagt hatten; im zweiten Text ist von »Und-Summen« freilich kaum mehr die Rede.]

blem der Interessenwandlung von wesentlicher Bedeutung. Man wird eine Änderung des Aufforderungscharakters bei einem Kinde, dem das Lernen des Buchstabenschreibens keine Freude macht, eher erwarten dürfen, wenn man das Kind möglichst bald sinnvolle Mitteilungen im Satzverband schreiben lässt,[1] als wenn man beim Buchstabenschreiben das Heft mit Randverzierungen versieht. Denn im ersten Falle verlieren die Buchstaben im allgemeinen leichter ihre psychologische Sonderexistenz.

Am Beispiel des Schreibenlernens.

Macht allerdings das Schreiben des einzelnen Buchstabens dem Kinde allzugroße Schwierigkeiten, so wird das Schreiben jedes einzelnen Buchstabens eine selbständige Haupthandlung und die Umstrukturierung des Sinnes der Gesamtbeschäftigung wird verhindert.[2]

Eine Änderung des Aufforderungscharakters einer Aufgabe oder

---

[1] [Fußnote von **Lewin:**] Hierin dürfte ein Hauptvorzug der »globalen« Schreib- und Lesemethode [Jean-Ovide] *Decrolys* liegen. [Ovide *Decroly*, 1871-1932, stellte die methodische Binsenweisheit des »vom Einfachen zum Komplexen« in Frage und kehrte sie realistisch um, es ginge beim Unterricht darum, vom konkreten Sinnganzen zur analytisch-abstrakten Einzelheit vorzuschreiten. – Die Formulierung »bei einem Kinde, dem ...« verstehe ich ausdrücklich so, dass bloß bei solchen und nicht etwa bei allen Kindern diese Methode angemessen sei. Ein Hauptproblem des von der Staatsgewalt ausgehenden Unterrichts ist die Zwangsvorstellung einer notwendigen methodischen und inhaltlichen Uniformität, die den jeweils wirklichen Bedingungen von Person des Kindes und seiner Umgebung niemals gerecht werden kann.]

[2] Dieser Absatz ist im Original in Petit gesetzt. – Auch diese Formulierung enthält indirekt den Hinweis, dass jeweils die Sonderpersönlichkeit des Kindes zu berücksichtigen sei und verallgemeinerte Methoden in die Irre führen müssen. Der generelle Zwangscharakter des Schulunterrichts, den die alte Pädagogik genauso systematisch ausgeblendet hat wie die heutige Erziehungswissenschaft, lässt sich mit Hilfe der Topologie und Vektorpsychologie *Lewins* präzise und sachlich rekonstruieren. Dieser Zwangscharakter hat nicht ab-, sondern eher noch zugenommen.

eines Verhaltens ist also möglich, wenn man die (äußerlich betrachtet) »gleiche Leistung« in eine andere Geschehensganzheit oder in einen anderen seelischen Gesamtbereich einbettet. (Es ist also z. B. wichtig, ob eine Arbeit zu den Vorbereitungen einer Geburtstagsfeier gehört, [oder] für welchen Lehrer die Arbeit auszuführen ist u. ä. m.). Auf die Schule angewendet, würde das bedeuten, dass die *Gesamtatmosphäre* der Schule auch für die Dynamik der Einzelhandlung gerade beim kleinen Kinde nicht nur wichtig ist, sondern eine geradezu konstituierende Bedeutung besitzt.

Wir haben die Wandlung des Aufforderungscharakters der Sache selbst den Situationen bei Lohn und Strafe gegenübergestellt. Es wäre aber falsch und würde eine zu schematische Darstellung bedeuten, wollte man vergessen, dass es auch Übergänge gibt. Die Strafandrohung und ebenso das In-Aussicht-Stellen des Lohnes nämlich kann in bestimmten Fällen und bis zu einem gewissen Grade zu einer Wandlung des Aufforderungscharakters der Sache selbst führen. Die Strafandrohung kann das Verbotene für das Kind zu etwas Minderwertigem machen, der Lohn kann das vom Kinde zunächst nicht Gewünschte als an sich wertvoll erscheinen lassen.

Diese Ausbreitung des Aufforderungscharakters von Lohn und Strafe auf die Sache selbst spielt vor allem beim *Kleinkinde* gemäß der allgemeinen Weichheit der funktionellen Grenzen seiner seelischen Systeme[1] eine gewisse Rolle. Lohn und Strafe können

---

1 [Fußnote von **Lewin:**] [Kurt] *Lewin*, Environmental Forces in Child Behavior and Development, [in:] [Carl] *Murchison* [Hg.], Handbook of Child Psychology, Worcester 1931.

dann als einfache Verstärkung des Gebotes oder Verbotes wirken, auch wenn sie ohne für das Kind verständliche Begründung dem betreffenden Verhalten äußerlich angehängt werden.

Bei *älteren* Kindern ist mit einer Wandlung des Aufforderungscharakters der Sache selbst nur dann zu rechnen, wenn Gebot oder Verbot vom Kinde als sachlich berechtigt empfunden werden, wenn das Verhalten also in einen Gesamtzusammenhang hineingerückt wird, der aus irgendwelchen Gründen als wertvoll bzw. als minderwertig angesehen wird, der als Ganzes das Kind lockt, bzw. abstößt. Greift man zur Unterstützung des Gebotes oder Verbotes zur Androhung von Strafe oder zum In-Aussicht-Stellen einer Belohnung, so ist dies jedoch eher ein Ausdruck dafür, dass das Gebot oder Verbot »sachlich« nicht oder nicht hinreichend berechtigt ist. Daher bedeutet die Androhung einer Strafe primär geradezu eine Gegenwirkung gegen die Wandlung des Aufforderungscharakters der Sache selbst. Am schärfsten macht sich diese Gegenwirkung bemerkbar, wenn die »Willkür«, die Unsachlichkeit von Lohn und Strafe, in einer »ungerechten« Wendung gegen ein einzelnes Kind zu tage tritt.[1]

Unterschiede zwischen Kleinkindern und älteren Kindern.

---

[1] Dies ist ein abruptes Ende, kein Schlusswort; positiv gewendet empfinde ich es als eine Einladung zum Weiterdenken, so wie ich es an einigen Stellen in dieser Ausgabe bereits angedeutet habe.

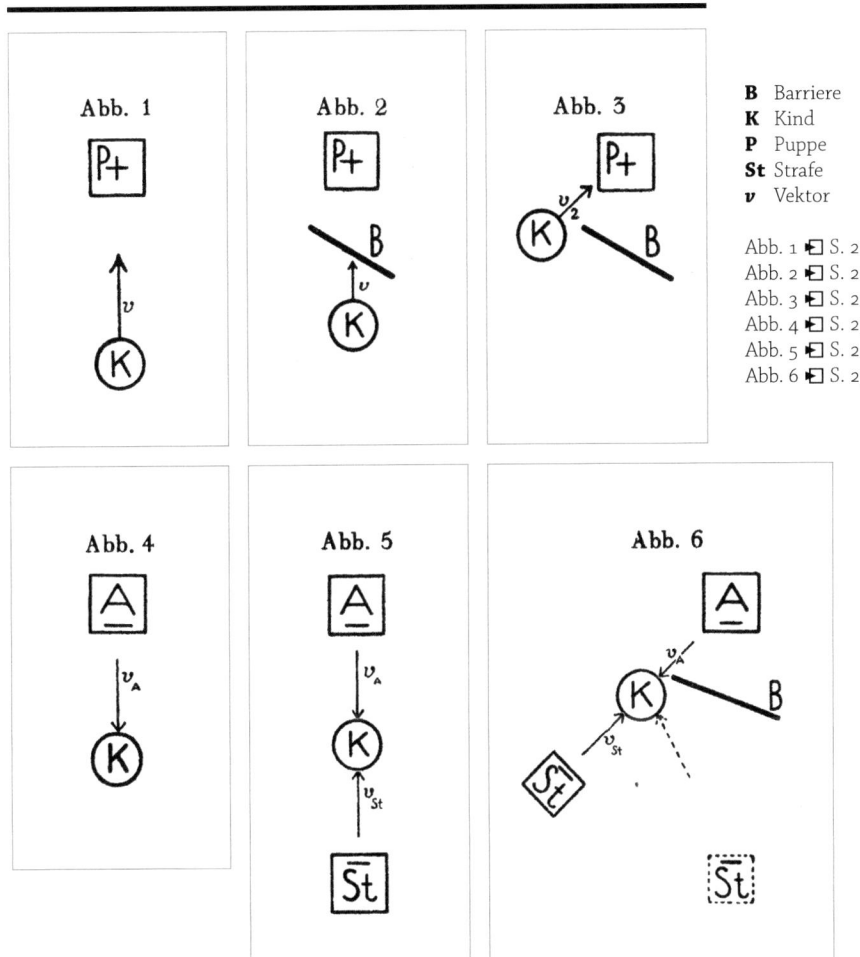

Abb. 1

Abb. 2

Abb. 3

Abb. 4

Abb. 5

Abb. 6

B Barriere
K Kind
P Puppe
St Strafe
v Vektor

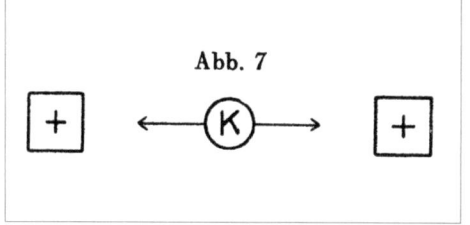

Abb. 7

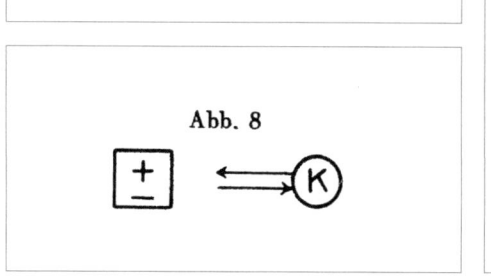

Abb. 8

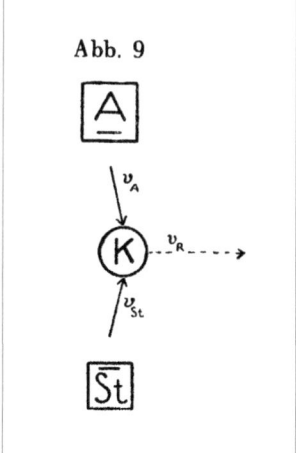

Abb. 9

A Aufgabe
B Barriere
K Kind
R Resultante
St Strafe
v Vektor

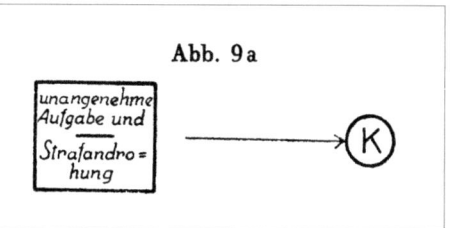

Abb. 9a

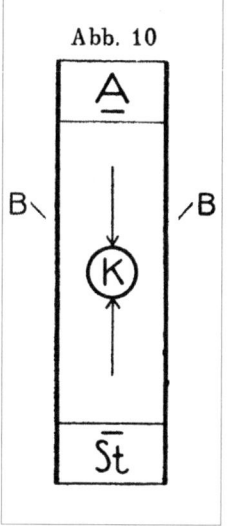

Abb. 10

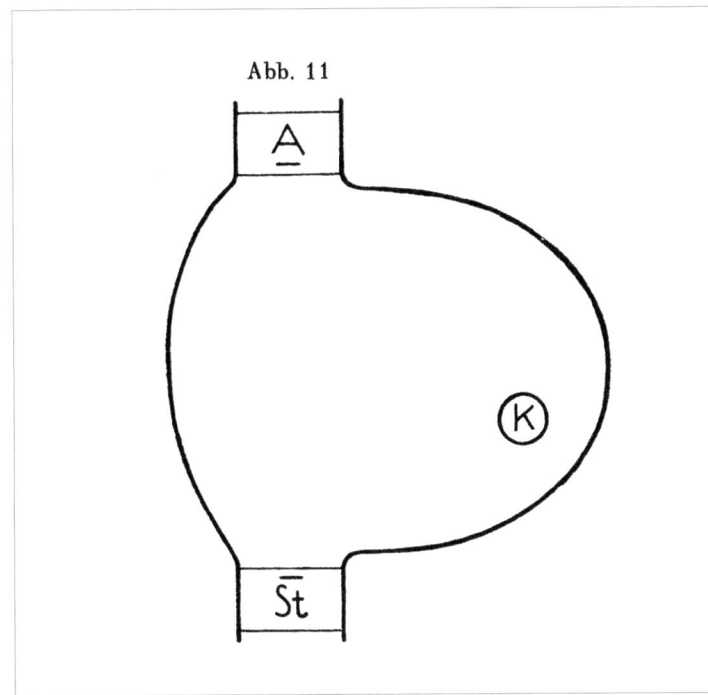

Abb. 11

A Aufgabe
K Kind
St Strafe

Abb. 11 ◧ S. 36

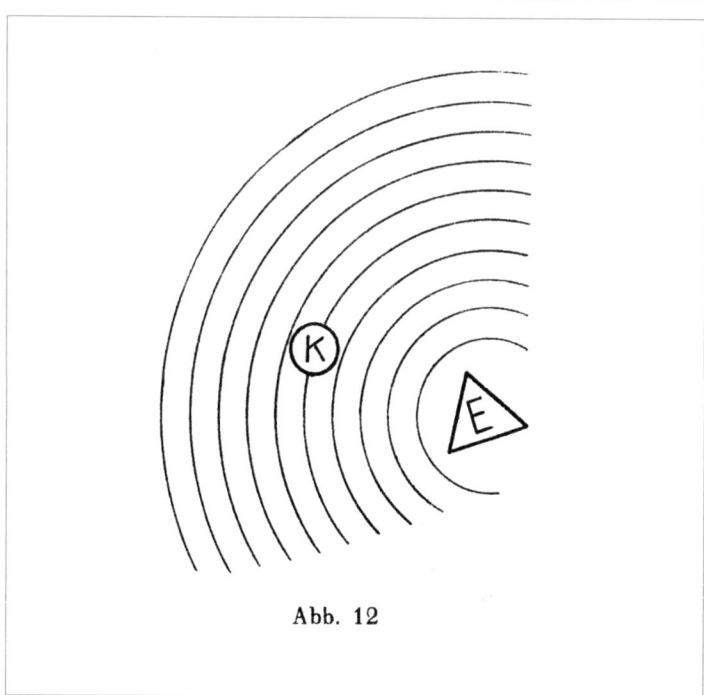

E Erwachsener
K Kind

Abb. 12 ◧ S. 41

Abb. 12

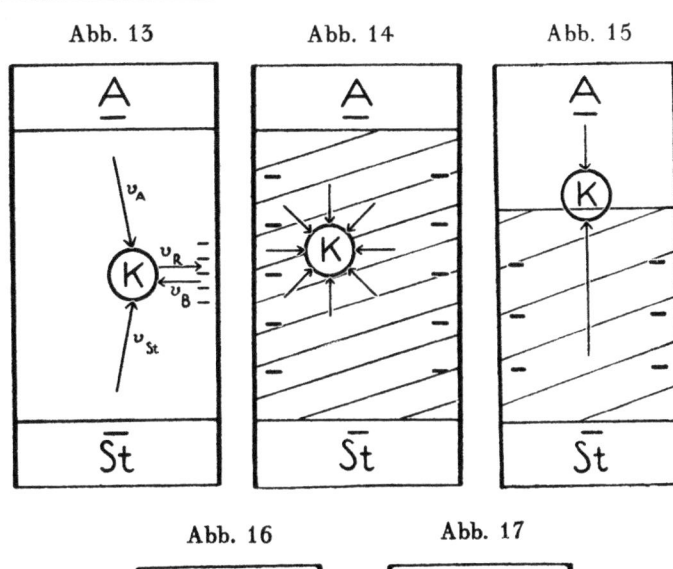

Abb. 13

Abb. 14

Abb. 15

Abb. 16

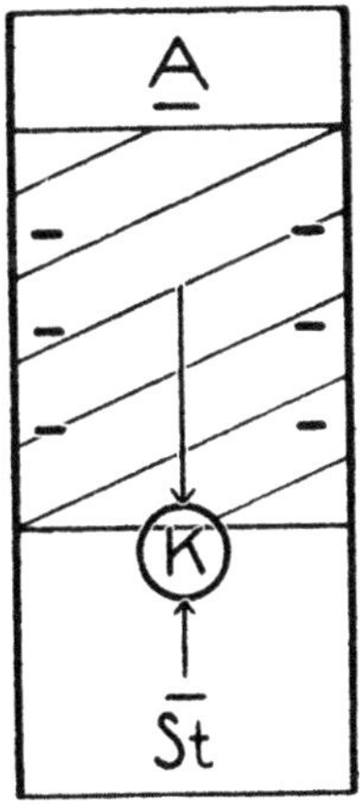

Abb. 17

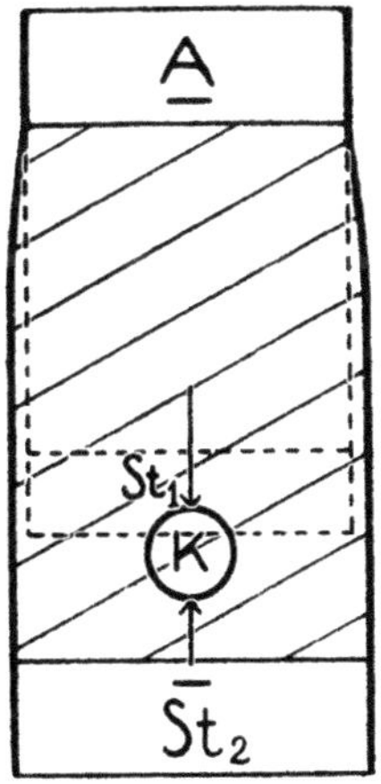

A Aufgabe
B Barriere
K Kind
R Resultante
St Strafe
v Vektor

Abb. 13 S. 44
Abb. 14 S. 45
Abb. 15 S. 46
Abb. 16 S. 47
Abb. 17 S. 53

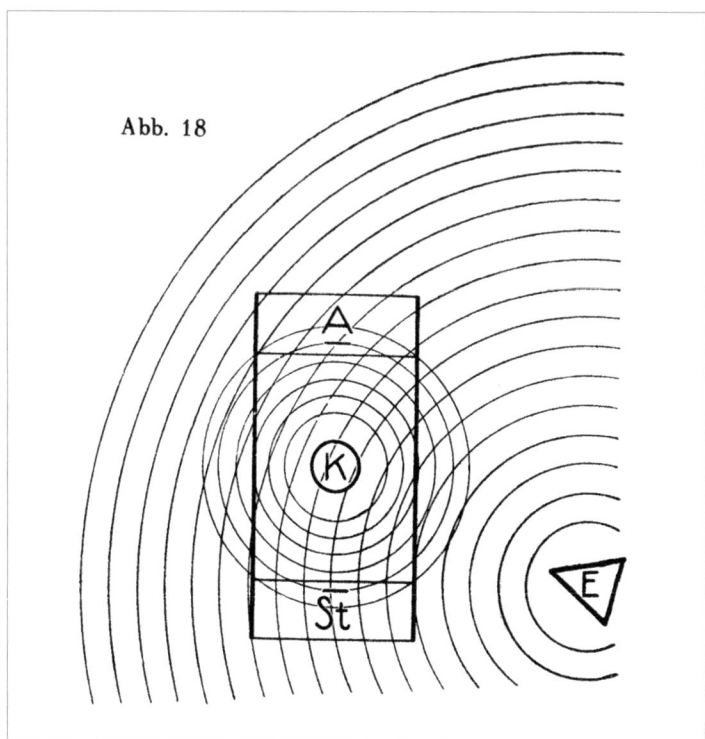

A Aufgabe
E Erwachsener
K Kind
St Strafe

Abb. 18 ◧ S. 56

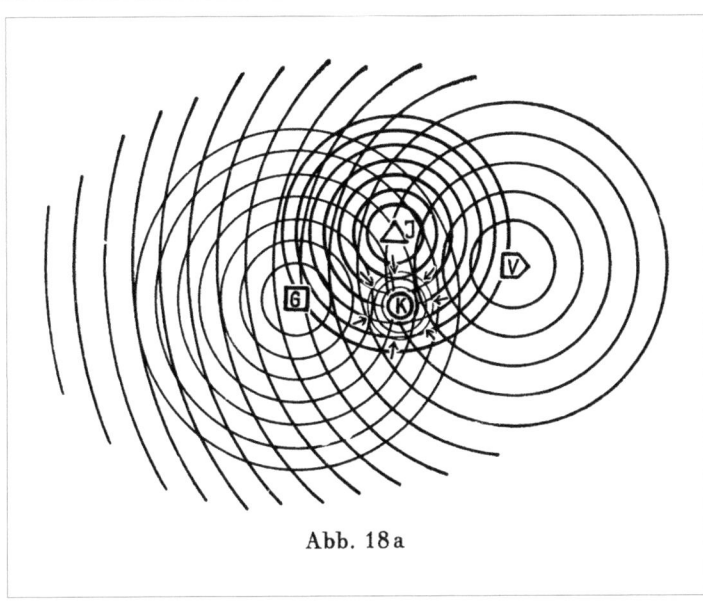

Abb. 18a

G Großmutter
J Jérôme (Lehrer)
K Kind (Nikolaj)
V Vater

Abb. 18a ⬕ S. 66

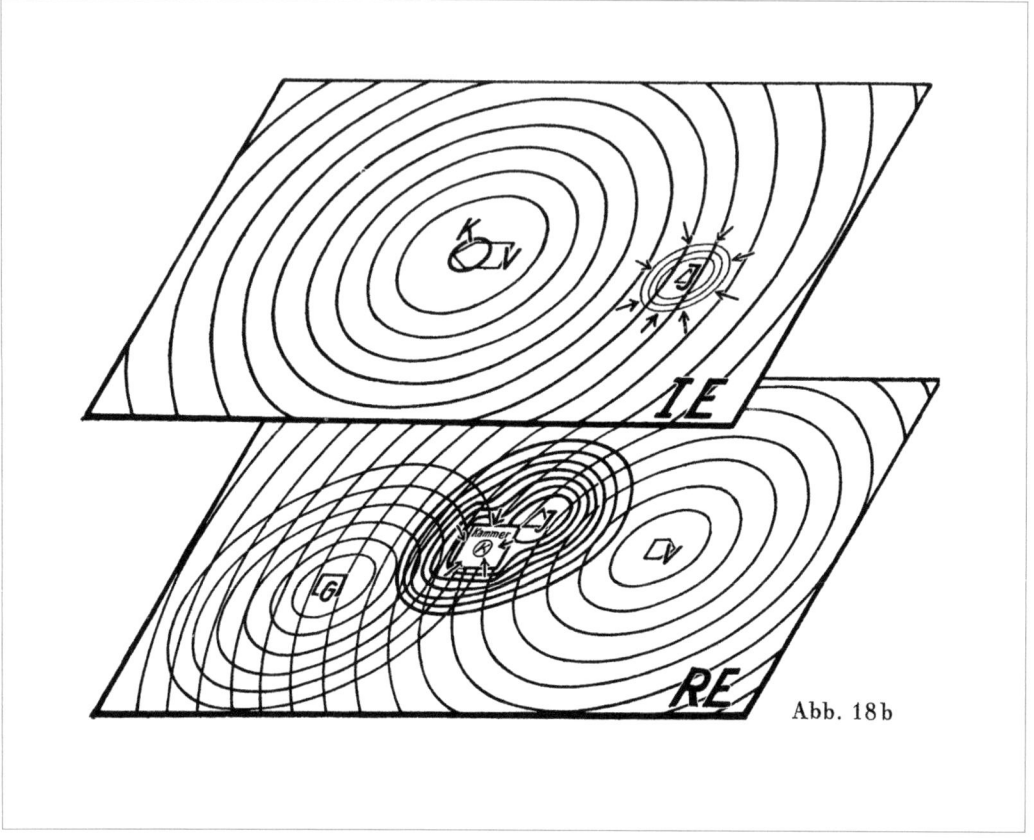

Abb. 18b

IE Irrealitätsebene
RE Realitätsebene

Abb. 18b ◄ S. 67

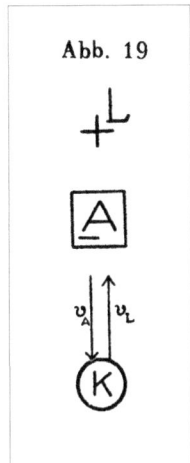

Abb. 19

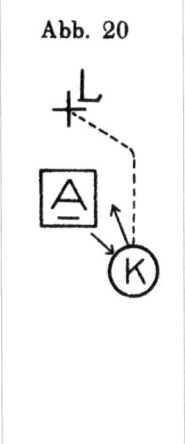

Abb. 20

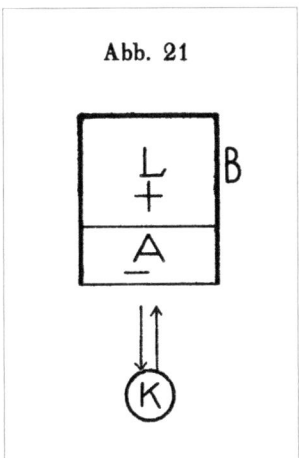

Abb. 21

A Aufgabe
B Barriere
K Kind
L Belohnung
v Vektor

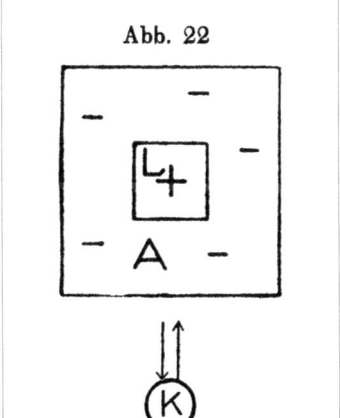

Abb. 22

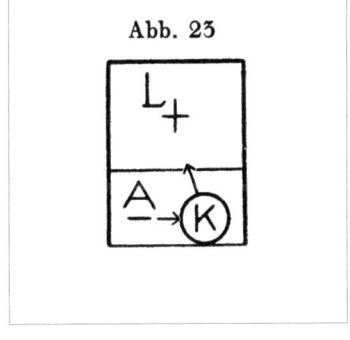

Abb. 23

Abb. 24

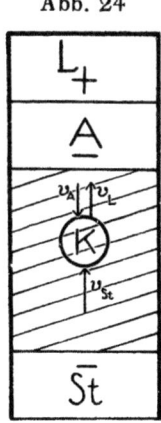

Abb. 25

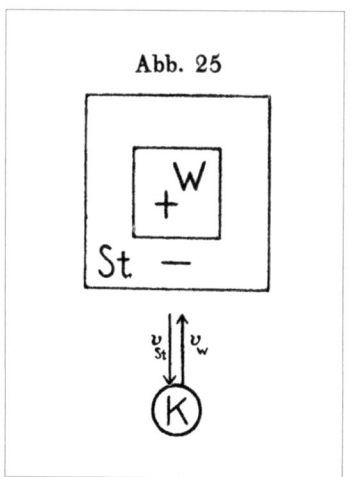

Abb. 26

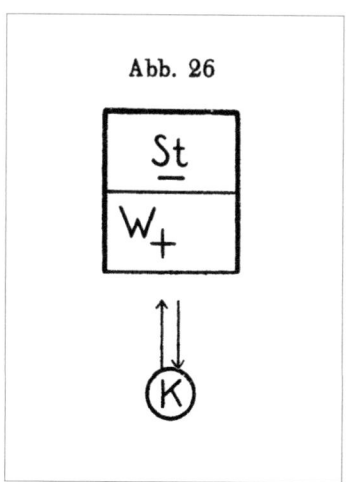

A Aufgabe
K Kind
L Belohnung
St Strafe
St-Andr. Strafandrohung
v Vektor
W Wunsch (Ziel, Tun)

Abb. 27

2. Phase

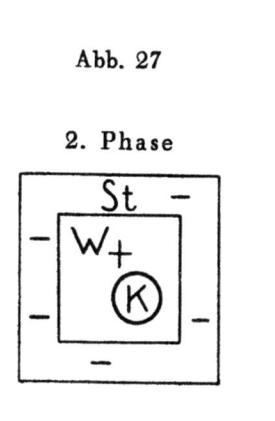

Abb. 28

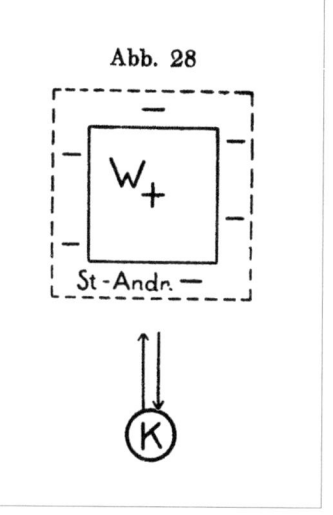

Abb. 29

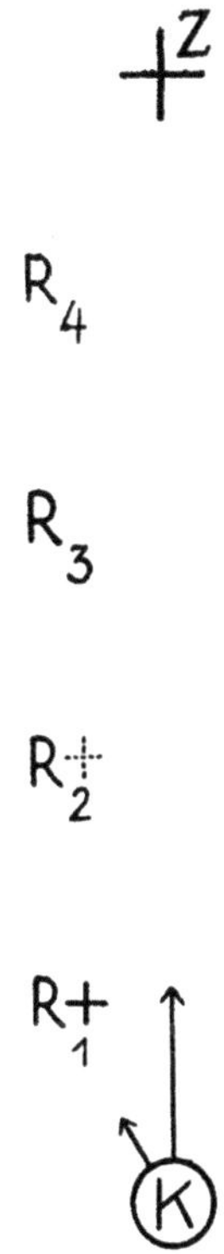

R_4

R_3

R_2

R_1

Abb. 30

R_4

R_3

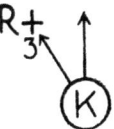

R_2

K Kind
R Ruhepunkt
Z Ziel

Abb. 29 ▣ S. 98
Abb. 30 ▣ S. 99

119

Angegeben sind nicht
alle Vorkommen der Begriffe,
sondern die jeweils zentralen,
definitorischen Stellen.